인공지능
샘존 수업

# 인공지능 생존 수업

**초판 1쇄 인쇄**　2021년 3월 30일
**초판 1쇄 발행**　2021년 4월 10일

**지은이** 조중혁

**펴낸이** 우세웅
**책임편집** 이양이
**기획편집** 장보연
**콘텐츠기획·홍보** 박서영
**북디자인** 이유진

**종이** 앤페이퍼
**인쇄** (주)다온피앤피

**펴낸곳** 슬로디미디어그룹
**신고번호** 제25100-2017-000035호
**신고년월일** 2017년 6월 13일
**주소** 서울특별시 마포구 월드컵북로 400, 상암동 서울산업진흥원(문화콘텐츠센터)5층 20호

**전화** 02)493-7780 | **팩스** 0303)3442-7780
**전자우편** slody925@gmail.com(원고투고·사업제휴)
**홈페이지** slodymedia.modoo.at | **블로그** slodymedia.xyz
**페이스북·인스타그램** slodymedia

**ISBN** 979-11-88977-77-2 (03320)

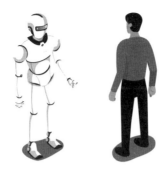

| 인공지능 시대가 불안한 사람들에게 |

# 인공지능

ARTIFICIAL INTELLIGENCE SURVIVAL

# 생존 수업

조중혁 지음

슬로디미디어

1. 안녕하세요. 조중혁 작가님, 《인공지능 생존 수업》 책을 쓰시면서 무엇을 강조하고 싶으셨나요?

인공지능은 기술에 대한 전문성이 없다면 접근하기 어려운 영역입니다. 언론에서 말하는 인공지능은 일거리가 줄어들 수 있다며 두려움만 가중시키고 있습니다. 하지만 인공지능이 마치 모든 것을 할 수 있는 만능 기술이 아닐 뿐더러 일반인에게도 도움이 안 됩니다. 산에서 등반 도중에 산사태가 날 수 있다는 정보는 모르는 것보다는 분명히 낫습니다. 하지만 모든 산이 당장 무너져 모두가 죽을 것처럼 이야기하는 것은 생존에 별 도움이 되지 않겠죠. 정확하게 어떤 이유로 어디서부터 산사태가 생기고 언제부터 발생할 수 있는지, 또 어떤 식으로 대피하는 것이 좋을지 이야기해줄 수 있어야 합니다. 이와 같이 직업이 사라진다고 하면 그냥 받아들일 것이 아니라 어떤 이

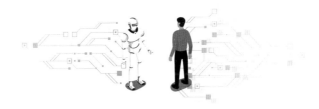

유로 왜 사라지는지를 정확하게 알아야 합니다. 이유를 알아야 현재를 예측하고 앞으로 나아갈 방향을 잡을 수 있을 테니까요. 이 책에서는 인공지능에 대한 거품을 뺀 후 그 특징을 살펴보고 앞으로 어떻게 인공지능을 이해하고 준비해야 하는지에 대해서 강조했습니다.

2. 평범한 사람들이 인공지능에 가장 관심을 갖는 이유는 아마 일자리 감소 때문일 것입니다. 이에 대한 작가님의 예측이나 생각이 궁금합니다.

솔직히 말씀드리면 정확한 것은 모릅니다. 정확한 것은 사기꾼만 알고 있겠죠. 과거 1970년대 ATM이 등장했을 때 수많은 전문가는 이제 은행원의 수가 크게 줄어들 것이라고 전망했습니다. 당시에는 사회적으로 돈이 부족했던 시기라 대출은 힘이 있거나 경제력이 검증된 사람만 받았을 수 있었으니까요. 즉 대기업이나 상환할 능력이 있는 사람에게만 돈을 빌려주면 되는 것이었기에 대출 업무에 사람이 많이 필요하지 않았습니다. 그리고 지금은 정기 예금 금리가 1%이지만 1965년에는 26% 였습니다. 당연히 초등학생부터 여윳돈이 생기면 은행으로 찾아가던 시기였기 때문에 고객 유치도 크게 신경 쓸 필요가 없었죠. 그런데 ATM의 등장은 은행원이 하고 있는 일을 빼앗아버릴 수 있기 때문에 그들의 입장에서는 재앙처럼 느껴졌습니다.

그 뒤 2000년대 초반까지 ATM은 각 은행이 동네마다 설치했지만 오히려 은행원의 수는 줄지 않고 늘었습니다. 물론 최근 은행원의 수가 줄기는 했지만 ATM 때문은 아니죠. 우려와는 반대로 일반인도 대출을 받는 세상이 되었고, 다양한 금융 서비스와 고객 서비스도 늘어났습니다. 전문가의 의견을 들어봐도 지금은 존재하지만 사라지는 일자리는 쉽게 예측할 수 있지만, 기존에 없지만 앞으로 생기는 일자리는 아무도 모르기 때문에 예측하기 힘듭니다. 확실한 것은 은행 내에서 창구 업무 외에 다양한 서비스 업무가 생긴 것처럼, 앞으로 모든 분야에서 인공지능을 교육하거나 훈련시키는 일자리가 예측하기 힘들 정도로 많이 생긴다는 것입니다. 이런 업무를 통해 연쇄적으로 생겨나는 일자리도 많아질 것입니다. 중요한 것은 자신이 창구 직원이라면 어떤 서비스로 자신을 특화시킬 수 있느냐입니다.

3. 현재 우리나라가 다른 선진국과 비교하여 어느 정도로 발전하였는지 궁금합니다.

전문가들은 우리나라가 미국에 비해 2년, 중국에 비해 1년 정도 발전이 늦다고 판단하고 있습니다. 특히, 우리나라와 경쟁하는 중국의 발전 속도는 놀라울 정도입니다. 인공지능 발전에서 가장 중요한 것은 데이터의 양입니다. 중국은 14억이 넘는 인구에서 만들어내는 엄청난 데이터와 함께, 체제의 특성상 개인정보 보호 등의 개념이 부족하기 때문에 데이터를 자유롭게 사용할 수 있습니다. 그래서 그 발전 속도가 미국을 위협하는 것이죠. 예를 들어, 안면인식 분야에서는 이미 중국이 미국을 넘어섰습니다. 미국 국가기술표준연 경진대회에서 2018년부터 1위부터 5위까지가 모두 중국 업체였으며 현재도 주요 대회에서 중국 업체가 1위를 차지합니다. 중국의 대표적인 얼굴 인식 기업인 '센스타임(sense time)'은 기업 가치가 6조 원이 넘습니다. 우리나라는 데이터의 양도 부족할 뿐만 아니라, 전문 인력도 부족합니다. 대기업도 인공지능 전문가를 뽑지 못해서 난리입니다. 쉽지 않은 상황이라고 생각합니다.

4. 한편으로는 인공지능이 인간의 존엄성을 위협할 수도 있다는 의견도 있습니다. 그렇다면 인간은 인공지능을 왜 개발하는 것일까요? 이에 대해 작가님의 의견을 듣고 싶습니다.

쉽게 생각하면 기업은 돈을 벌기 위해서이고, 소비자는 편리함을 누리기 위해서겠죠. 하지만 인공지능은 인간의 존엄성까지도 위협할 수 있는 기술입니다. 단순히 기업의 이익과 소비자의 편리함만으로 설명하기에는 부족하죠. 저는 인공지능을 개발하는 이유에 대해서 조금 더 근원적으로 살펴보기 위해 조금 길게 볼 필요성이 있다고 생각합니다. 불과 몇 백 년 전까지만 해도 전쟁의 공포, 병으로 인한 사망, 굶어 죽는 일이 흔한 일이었습니다. 늙어 죽는 것이 대단한 축복이었으니까요.

토머스 모어(Thomas More)는 인간이 신에게 벗어나 스스로 아름답고 행복한 세상을 만들어야 한다고 생각했습니다. 자신의 저서 《유토피아》에서 인간의 이성과 덕성을 통해 세상을 더 발전시킬 수 있다고 주장했습니다. 하지만 그도 유토피아를 운영하기 위해서는 누군가 힘들게 일을 해야 한다고 생각해 노예

제도를 인정했습니다. 여기에 힌트가 있습니다. 우리 대신 힘든 노동에서 벗어나게 해주는 방법이 인공지능입니다. 인공지능에 대해서 가장 유명한 상은 '뢰브너상(Loebner Prize)'입니다. 이 상을 만들고 운영하는 뢰브너 박사는 인공지능이 세상을 유토피아로 만들 수 있다고 말했습니다.

5. 인공지능의 가장 큰 한계점이나 인간만이 갖는 차별점이 있다면 무엇이 있을까요?

미래에 인공지능은 사람과 유사하거나 오히려 더 뛰어난 지적능력을 가질 수도 있다고 주장하는 석학도 있지만 아직은 기술적인 사실이나 가능성을 가지고 이야기하는 것은 아닙니다. 기술의 발전 속도가 빠르다 보니 그때쯤이면 '인공지능이 사람을 능가하지 않을까?'라고 추측하는 수준인 것입니다. 세계 3대 인공지능 전문가 중 한 명인 앤드류 응(Andrew Ng) 박사처럼 직접 인공지능을 개발하는 전문가들은 인공지능이 사람을 위협한다는 주장에 대해 '벌써부터 화성의 인구 과잉 상태를 우려하는 것과 같다.'라는 반응을 보입니다. 인공지능을 만들 때 물리적인 움직임을 만들어내는 일은 생각보다 쉽지 않습니다. 또한 대화로 상대를 설득하는 일도 쉽지 않을 뿐더러 융합적인 사고를 하는 것도 쉽지 않습니다. 상황을 파악하고 융통성을 발휘하는 일은 어려운 도전입니다. 무엇보다 인공지능이 하기 가장 어려운 일은 회사에서 하는 일에서 가장 중요한 일인 '일을 만드는 일'과 '일을 해결하는 일'입니다.

6. 앞으로 인공지능 시대를 살아갈 평범한 사람들에게 전하고 싶은 메시지가 있으신가요?

인공지능에 대해서 막연한 환상은 무모하고, 반대로 무시하는 일은 위험합니다. 인공지능에 대해서 장단점을 명확하게 알고 자신이 하고 있는 일을 대비해야 합니다. 그래서 인공지능에 대해 '열린 부분'과 '닫힌 부분'을 찾아야 합니다. 인공지능에 의해 세상이 변하는 것은 위기입니다. 위기는 해로움이나 손실에 빠질 우려가 있다는 뜻이기도 하지만, 위기와 기회를 줄여서 뜻하는 말이기도 합니다. 인공지능으로 수많은 일자리가 사라지며 위험에 빠지는 사람도 있겠지만, 인공지능으로 수없이 생겨나는 일자리에서 기회를 찾는 사람도 있을 것입니다. 인공지능을 막연하게 두려워할 필요는 없습니다. 중요한 것은 기회를 누가 빠르게 잡느냐이기 때문에 준비하면서 기회를 엿보면 됩니다. 준비를 하고 도전을 하는 사람은 걱정할 필요가 없습니다. 하지만 아무것도 하지 않은 채 걱정만 하는 것은 위험한 일입니다. 걱정하지 말고 인공지능에 대해 정확하게 안 후 미래를 위해 한 걸음씩 걷다 보면 인공지능 시대에 기회를 잡은 자신의 모습을 발견할 수 있을 것이라고 생각합니다.

## 추천사

이미 IT 업계에서는 경영 전략을 세울 때 인공지능을 가장 기본적으로 검토하고 있다. 많은 전문서가 인공지능에 대해 말하지만 아주 기초적인 기술 소개이거나 유명 서비스에 대한 피상적인 분석에 그쳐 큰 도움이 안 된다. 그러나 저자의 오랜 글쓰기 경험과 기업에서의 실무 경력은 인공지능이 현실과 미래에 어떤 기대와 우려를 끼칠지 담백하게 풀어냈다. 인공지능 시대를 살아가기 위해 앞으로 어떤 전략을 짜야 하며 어떻게 대비해야 하는지 쉽게 알 수 있다.

강민준 | 젝시믹스 창업자 겸 대표 |

인공지능이 보편화되면 어떤 세상이 펼쳐질까? 일자리가 많이 사라진다고 하던데 사실일까? 내 일자리도 위협받게 될까? 인공지능과 관련해 누구나 한 번쯤 이런 생각을 해봤을 것이다. 인공지능이 가져올 세상에 대해 혹자는 환상적인 비전을 말하고, 혹자는 위협적인 상황을 경고한다. 저자는 이 책을 통해 인공지능이 가져올 새로운 세상을 이해하기 쉽게 말한다. 인공지능 세상이 궁금한 이들에게 가이드라인이 될 것이다. 인공지능 세상을 다시 한 번 생각하게 하는 단초가 될 것이라고 생각한다.

김광현 | 창업진흥원 원장 |

가상 속 인간인 디지털 휴먼 그리고 인공지능으로 운전자 없이 운행하는 자율주행차, 인간의 개입 없이도 스스로 움직여 명령을 수행하는 로봇 그리고 전화기 넘어 사람처럼 고객 응대를 해주는 챗봇에 이르기까지 이미 인공지능은 우리의 생활에 깊숙이 파고들었다. 이제는 인공지능을 아는 것보다 어떻게 활용할 것인지가 더 중요한 시대이다. 저자는 기술에 대한 해박한 지식을 기반으로 인공지능 시대를 개인이 어떻게 준비하고 활용해야 할지에 대해 여러 사례를 통해 친절하게 소개하고 있다.

김지현 | SK mySUNI AI College 리더, 부사장 |

이 책은 짧은 기간 동안 우리의 삶에 깊숙이 들어온 인공지능과 로봇에 대해 다양한 관점에서 이야기한다. 경제학적 입장에서 인공지능과 로봇을 바라볼 경우 발생할 수 있는 사회적 문제는 개인이나 한 국가의 문제가 아닌 전 세계적인 문제임을 알게 해준다. 또한 인공지능과 로봇 기술의 급격한 발전으로 인한 인간의 책임론과 동시에 UN 국제기구와 같은 제도적 장치가 필요하다는 생각도 들게 만든다. 미래를 어떻게 맞이해야 할 것인가에 대한 고민을 함께 할 수 있는 책이다.

**남궁완** | 연세대학교 약학대학 교수 |

인공지능이 앞으로 만들어갈 사회에 대한 실천적인 통찰력이 빛나는 책이다. 인공지능 시대를 살아가는 사람이라면 누구나 읽어야 할 필독서이다. 앞으로 시대 변화가 예상되는 다양한 분야를 살펴보고 구체적인 대응 방안까지 가득한 책이다.

**이종원** | 호서대학교 기술경영전문대학원장 |

이제 미래를 이야기할 때 인공지능을 빼놓고는 말할 수 없게 되었다. 노동과 직업, 경제의 개념이 완전히 달라질 것이다. 낯선 미래는 늘 두려움과 설렘이 교차한다. 한 가지 확실한 것은 인공지능에 대해 많이 알수록 기회는 커지고 위험은 줄어든다. 인터넷 전문가이자 대기업에서 IoT 등 신기술을 이용한 신산업 기획을 주도해온 저자의 경험과 통찰력을 절대 놓치지 않기 바란다.

**임문영** | 경기도 미래성장정책관, 국장 |

인공지능이 무엇인지 깊이 있게 고민할 수 있는 책이다. 사람들은 인공지능이라고 하면 인간의 삶에 편리함을 주거나 존엄성마저 파괴하는 위험한 기술로 인식하기도 한다. 바로 이 책이 인공지능에 대해 막연한 생각을 구체화할 수 있으며, 오해를 바로잡을 수 있도록 도와준다. 또한 단순하게 인공지능에 대한 지식을 전달하는 것에서 끝나는 것이 아니라 인공지능 시대에 맞춰 미래를 어떻게 준비해야 하는지 등 그 방향성까지 짚어준다.

**정기현** | 페이스북 코리아 대표 |

## 머리말

    세계 최초로 상업화된 컴퓨터를 생산한 IBM은 1958년 자신들의 컴퓨터를 홍보하면서 "이미 전기를 이용해 계산할 수 있는 기계가 발명되었습니다. 컴퓨터는 스스로 움직이지 못하지만 서서히 진화할 것입니다. 컴퓨터는 사람의 창의력과 상상력, 수학을 위해 태어났고 이것을 발전시킬 것입니다."라고 말했다.

    에릭 드렉슬러(Eric Drexler)가 쓴 《창조의 엔진》은 시대를 앞서간 예언서로 불과 28년이 지났을 뿐인데 그는 IBM의 주장과 다르게 "분자 조립 기계와 생각하는 기계는 사람과 생명에 근본적인 위협이 된다. 사람이 발전하는 속도보다 기계가 발전하는 속도가 더 빠른 현실에 비추어볼 때 아마도 몇십 년 내로 사람을 능가하는 기계가 나올 수 있을 것 같다. 이제는 이러한 기계와 사람이 서로 공존하며 사는 법을 배우지 않는다면 인류의 미래는 장담할 수 없을 것이다."라고 이야기했다.

    아직까지 어느 누구도 사람의 존속성에 대한 우려를 꺼내는 사람이 드물다. 하지만 사회적 존속에 대해서는 더 이상 남의 이야기가 아니다. 점점 일자리가 사라지고 있고, 실제로 언론에서도 어떤 일자리가 매해 얼마나 사라지고 있으며 앞으로 더 얼마나 사라질 것인지 구체적인 데이터를 제공한다.

물론 일자리가 늘어날 것이라고 말하는 쪽에서는 그 숫자를 제시한다. 그러나 국가의 정책과 복지 등을 결정해야 하는 입장에서는 의미 부여를 할 수 있겠지만 당장 먹고 살아야 하는 개인에게는 별 이득이나 의미가 없다. 사라지는 일자리가 많을지 새롭게 생기는 일자리가 많을지는 누구도 정확하게 예측할 수 없지만 확실한 것은 누군가의 일자리는 반드시 사라진다는 것이며 그것이 내 일자리일 수도 있다는 것이다.

**Chapter 1**

# 인공지능은 어떻게
# 인류를 바꾸고 있는가?

# 기회를 어떻게
# 잡을 것인가?

# 인공지능시대,
# 어떻게 변할 것인가?

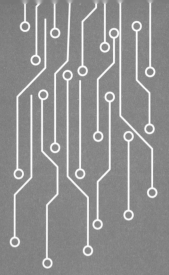

Chapter
1

# 인공지능은 어떻게 인류를 바꾸고 있는가?

# 위협받는 일자리와 줄어드는 소득

2013년을 기준으로 세계에서 가장 많은 직원을 둔 월마트는 220만 명을 고용하고 있었으며 맥도널드는 180만 명을 고용하고 있다. 하지만 이 당시에도 최고 IT 기업인 애플은 8만 명을 고용하고 있었고, 소프트웨어를 기반으로 하는 구글은 고작 4만 명이었다.

이 시기 미국은 중상층의 가구당 소득이 크게 위협받고 있는 상황이었다. 1968년 4만 3,868달러였지만 2012년에는 5만 2,762달러밖에 되지 않았다. 연방인구센서스국(The U.S. Census Bureau)이 조사한 결과에 따르면 2016년에는 5만 9,039달러였다. 과거에는 남자만 일했지만 맞벌이 가정이 늘었다는 것을 감안하면 가구당 소득은 거의 늘지 않은 셈이었다. 이는 물가 상승률을 고려했을 때 실질 임금이 얼마나 줄었는지 알 수 있는 지표가 되었다.

1968년 중간 평균 임금을 보면 더욱 확실해졌는데, 시간당 10.70달러였지만 2013년에는 7.25달러로 오히려 떨어졌다. 인공지능이 발달함에 따라 이런 추세는 더 심각해질 것이라는 것이 일반적인 견해다.

2017 한국언론진흥재단 미디어연구센터에서 우리나라 국민을 대상으로 조사한 결과에 따르면 국민 중 약 10명 중 9명은 4차 인공지능 등으로 일자리가 줄어들 것으로 예상했고, 4명 중 3명 이상은 자신의 일자리가 위협받을 것으로 생각했다. '4차 산업혁명으로 빈부 격차가 심해질 것'라는 항목에는 85.3%가 '그렇다'라고 답했다.

4차 산업혁명으로 일자리 감소가 전망되는 직업군(복수 응답)으로는 제조업 63.7%, 은행원 41.2%, 사무직 29.0%, 판매사원 25.4%, 택배기사 22.9%, 농업 20.7%, 택시기사 17.1% 등의 순으로 꼽았다. 그러나 4차 산업혁명에 대해 응답자의 82.6%가 '인류에게 혜택을 줄 것'이라고 대답했고, 82.4%는 '경제 신성장 동력이 될 것'이며 73.6%는 '복지 제도의 중요성이 커질 것'이라는 긍정적인 기대감도 내비쳤다. 즉, 인공지능의 발달로 인해 생활은 더욱 편리해지고 경제 발전도 이룰 것이지만 반대로 그 과정에서 자신의 일자리를 잃을 수 있다는 우려가 뒤섞였다.

인공지능의 위협으로 일자리를 걱정하지만 사실 인공지능의 위협이 아니더라도 이미 일자리 감소가 일어나고 있다. 우리나라도 IT 기술이 예상만큼 고용을 만들어내지 못해 발생한 상징적인 사건이 있었다. 바로 '네이버 용인 IDC(Internet Data Center) 무산'이다.

2019년에 네이버는 용인에 4,800억을 들여서 컴퓨터 서버를 안정적으로 운영할 수 있는 IDC를 건설하려는 계획을 세웠다. 그러나 주민들의 반대로 무산되었다. 전통적 관점에서 보면 대기업이 대규모 투자를 하면 대부분 지역 주민은 찬성하며 좋아한다. 우수 인력이 유입되고 지역 발전을 꾀할 수 있기 때문이다. 하지만 네이버가 대규모 투자를 진행했음에도 불구하고 좌초된 이유는 표면적으로는 많은 컴퓨터와 장비로 인한 과도한 전자파 때문이라고는 했지만 정말 이러한 비과학적인 우려가 작용했다고는 생각하지 않는다. 조금 더 솔직해지면 경제적 이득이 기대만큼 크지 않았기 때문일 것이다.

큰 회사가 들어오게 되면 사람들이 유입되면서 땅값과 집값이 오를 것이라는 기대감이 있었으나 IDC는 생각보다 많은 인력이 근무하지 않아 기대한 것처럼 큰 이득이 되지 않았다. IT

기업보다는 일반 기업이 들어왔을 경우 더 큰 이득이 있을 것이라는 지역 주민의 생각이 어느 정도 반영된 것으로 보인다. 이는 IDC라는 특수성이 있기는 하지만 IT가 생각만큼 고용에 기여하지 못하는 현실을 반영한 결과이다.

# 해외에서의
# 인공지능의 활약

컴퓨터의 아버지라고 불리는 '앨런 튜닝(Alan Turing)'은 컴퓨터가 본격적으로 개발되기도 전에 이미 컴퓨터의 지능이 언젠가는 인간을 능가할 것이라고 생각했으며 컴퓨터가 스스로 사고할 수 있을 것이라고 생각했다. 그래서 컴퓨터가 인간처럼 생각할 수 있는지를 측정하기 위해 1950년에는 튜링 테스트라는 것을 개발했다. 컴퓨터가 인간의 지능에 얼마나 가까워졌는지 테스트하는 것으로 방법은 간단했다.

한 사람이 채팅을 통해 질문을 하고 두 명이 응답을 하는데 이 응답자 중 한 명은 사람이고 한 명은 컴퓨터이다. 누가 진짜 사람인지 구분할 수 없다면 컴퓨터를 인공지능 컴퓨터로 규정했다. 30점이 넘으면 통과되어 인공지능도 사람과 같이 생각할 수 있다고 정했다. 2014년 6월에 33점으로 '유진 구스트만(Eugene Goostman)'이라는 컴퓨터가 처음으로 통과되었다. 이때까지만 해도 '가짜 인공지능이다.', '그냥 교묘하게 사람을 속인 것이다.'라는 이야기로 '진짜다, 아니다.'라는 논쟁이 많았다. 하지만 이후 많은 사람이 아는 것처럼 더 이상 진짜와 가짜라는 인공지능에 대한 논쟁이 무의미해졌다. '알파고'라는 충격이 우리 사회를 강타했고 한국을 넘어 세계적인 이슈를 만들었기 때문이다.

언론과 영화에서는 인공지능에 대한 이야기가 그동안 꾸준히 있었지만, 사실 딥러닝 기술로 개발한 알파고가 나오기 전까지는 인공지능 전문가조차 인공지능이 사람의 일자리를 위협한다는 이야기는 언론과 영화에서 꾸며낸 이야기로 말도 안 된다고 했다. 그도 그럴 것이 강아지와 고양이 같은 간단한 것도 구분하지 못했기 때문에 가야 할 길이 멀었던 기술이었던 것이다. 하지만 딥러닝 기술로 개발한 알파고의 반전으로 분위기는 완전히 바뀌어서 너도 나도 인공지능의 위협에 대해서 이야기하기 시작했다.

특히 우리나라는 '알파고'를 가까이에서 보았기 때문에 사회 곳곳에서 인공지능에 대한 이야기를 나누게 되었다. 그러나 아쉽게도 대부분 파편화되고 지엽적인 논의로 끝나서 국내에서 아직까지는 인공지능을 일상생활과 밀접하게 느끼거나 기업의 활용 예로 체감하는 경우는 드문 현실이다. 오히려 해외에서 시장 파괴적 인공지능 기술이 지속적으로 생기고 있다.

예를 들어, 스탠더드앤드푸어스(S&P)가 인수한 켄쇼(Kensho)가 대표적인 예라고 할 수 있을 것이다. S&P가 5억 5,000만 달러에 인수를 했는데 알파고로 유명한 딥마인드를 구글이 인수할 때 금액이 4억 달러였으니 곧 전 세계에 관심을 받았다. 대니얼 나들러는 2013년 창업 후 '금융계의 알파고'로 불리며 신용등급, 시장 분석, 이벤트 분석 등에서 사람을 압도하는 괴물을 창조했다. 뉴욕타임스는 '로봇이 월스트리트를 침공했다.'라고 보도했다.

세계에서 가장 영향력 있는 국제회의인 세계경제포럼(WEF)은 2018년에 켄쇼를 기술선도기업(Technology Pioneer)으로 선정했다. 켄쇼 테크놀로지는 모건스탠리 애널리스트 15명이 4주 동안 할 일을 단 5분 만에 끝낼 수 있는 인공지능 금융 데이터 분석 기업이다.

켄쇼는 기업의 정보, 주요 경제 수치, 주가, 경제 상황 등 10만 개 정도의 변수를 자연어 처리 기술로 분석 후 투자자의 질문에 답을 주는 프로그램이다. 이는 6,500만 개 이상의 금융시장에 따른 관련 분석을 보고서로 만들어준다.

시리아 내전이 경제에 미치는 영향을 파악하기 위해 켄쇼의 검색 엔진에 '시리아 내전 격화(Escalations in The Syrian war)'를 선택하면 시기별 혹은 특정 자산을 옵션으로 선택할 수 있다. 이때 '보고서 작성'을 입력하면 켄쇼는 불과 몇 분 안에 미국과 아시아의 주가 변동, 천연가스와 유가의 움직임, 심지어 캐나다 달러의 환율 변화 등 다양한 정보를 일목요연하게 정리해 보여준다.

켄쇼는 영국 브렉시트 이후의 파운드화 변동, 도널드 트럼프 미국 대통령 당선 직후의 환율 예측, 북한 미사일 실험에 따른 시장 변동, 겨울 한파의 수혜주, 시리아 내전 관련주 등 세계적인 사건이 있을 때마다 정확한 예측을 내놓아 주목을 받았다. 사건이 발생하는 즉시 답을 내놓았다는 점에서 월가의 애널리스트들을 긴장시켰다. 골드만삭스의 직원들도 놀라움을 감추지 못했다. 그들이 일주일 동안 매달리며 처리했던 일을 켄쇼는 순식간에 해결했기 때문이다. 켄쇼 테크놀로지의 창업자 대니얼 나들러는 50만 달러의 연봉을 받는 전문 애널리스트가 40시간이 걸쳐 하는 작업을 켄쇼는 수 분만에 처리할 수 있다고 발표했다.

켄쇼를 사용한 뒤 어떤 일이 벌어졌을까? 기존에 600명이 하던 일을 2명으로 줄이고 대부분의 일을 켄쇼에게 넘겼는데 큰 차이가 없었다. 598명의 직원은 대부분 해고된 것으로 알려졌다. 이런 일이 금융 업체에서 점차 늘어나고 있다. 골드만삭스역시 주식공개상장(IPO) 업무를 담당하는 직원을 점차 줄이고 켄쇼에게 넘기고 있는 것으로 알려졌다.

# 인공지능은 산업을
# 어떻게 바꾸고 있을까?

인공지능과 무관해 보이는 농기계 회사인 세계 최대 농기계 제조사 존 디어(John Deere)는 미국의 인공지능 스타트업인 블루리버 테크놀로지(Blue River Technology)를 약 3억 달러에 인수했다. 또한 스스로를 제조사가 아닌 소프트웨어 회사로 정의했다. 그들이 인수한 블루리버 테크놀로지의 인공지능은 토양 상태, 시기 등을 분석해 제초제, 비료, 물의 양을 조절한다. 트랙터 하단에 설치한 카메라가 땅을 촬영하면 인공지능이 데이터를 분석해 잡초와 작물을 구분한다. 잡초에는 제초제를 뿌리고 작물에는 비료를 주면 결국 농작물의 수확량이 늘어난다. 제초제 회사에게는 슬픈 소식이겠지만 사람이 직접 제초제를 뿌릴 때보다 90%의 사용량을 줄이면서도 수확량을 늘릴 수 있었다.

법률 분야도 이미 인공지능의 역할이 커지고 있다. 2015년 경제협력개발기구 조사 결과에 따르면 한국의 사법 신뢰도는 27%로 42개 조사 대상국 중 꼴찌 그룹에 속했기 때문에 우리나라는 어느 나라보다 발전 가능성이 큰 분야이다. 지금도 포탈 댓글에는 판사를 인공지능으로 바꾸자는 댓글을 누군가는 달고 있다.

로스인텔리전스(Ross intelligence)가 개발한 인공지능 변호사 로스(ROSS)는 IBM이 만든 인공지능 컴퓨터 왓슨(Watson)을 기반으로 하는 인공지능 변호사이다. 뉴욕에서 파산 전문 변호사 활동하고 있다. 1916년에 설립되어 14개의 사무소와 945명의 변호사를 두고 있는 대형 로펌 베이커&호스테틀러(Baker&Hostetler)에서 근무 중이며 인간의 자연어를 이해하며 질문에 답하고, 결과를 예측할 수 있다. 로스가 사람보다 월등히 잘할 수 있는 대표적인 일은 컴퓨터의 속도를 기반으로 하는 판례 검토다. 사람이 법전을 열어 보려고 할 때 이미 초당 1억 장의 판례를 살펴보고 가장 적절한 판례를 찾아 추천해준다.

가장 전문적인 분야로 인정받는 의학에서도 인공지능의 역할이 갈수록 커지고 있다. 우리나라에 도입되어 큰 충격을 주었던 '닥터 왓슨(Dr. Watson)'은 현재 똑똑한 전공의 수준으로 유방암, 폐암, 위암, 자궁경부암 등을 진단할 수 있다. 의사와 진단법이 80% 이상 일치한다고 한다. 닥터 왓슨이 알려지면서 우리나라에서도 국가를 중심으로 '닥터 앤서(Dr. Answer)'라는 프로젝트명으로 본격적인 인공지능 의료 프로그램을 개발하고 있다.

진단 정보, 의료 영상, 유전체 정보, 생활 습관 등 다양한 의료 데이터를 연계하고 분석하여 개인 특성에 맞는 질병을 예측, 진단, 치료 등을 지원하는 것을 목표로 하고 있다. '닥터 앤서' 개발에는 총괄주관병원인 서울아산병원을 비롯하여, 수도권 및 권역별 거점 병원 등 총 25개 의료기관과 뷰노, 제이엘케이인스펙션, 카카오브레인 등 19개의 IT 기업이 참여 중이다.

# 창의성은 더 이상
# 인간만의 영역이 아니다

기업뿐만 아니라 사람의 창의력과 연결되는 부분에서도 인공지능은 위협적인 존재가 되었다. 이미 2015년 일본에서는 인공지능이 쓴 소설이 문학상 공모전 예선을 통과해 세상을 놀라게 한 일이 있었다. 일본에서 전 국민의 사랑을 받아 국민 SF 작가라고 불리는 '호시 신이치' 소설을 1,000편 학습한 후 니혼게이자이 신문이 주최하는 호시 신이치 소설 공모전에 〈컴퓨터가 소설 쓰는 날〉을 출품해 예선을 통과한 것이다.

마이크로소프트는 '샤오빙'이라는 인공지능 프로그램을 이용해 1920년대 이후 중국 시인 519명의 작품을 학습한 뒤 이를 바탕으로 1만 편이 넘는 시를 썼다. 이 중 139편을 추려 2017년 시집《햇살은 유리창을 잃고》를 출판하기도 했다.

'GPT'는 글을 써주는 인공지능 프로그램으로 가장 유명하다. 비영리 기관인 '오픈 AI'에서 개발했다. GPT-2부터 유명해졌는데 이때 이미 40기가바이트의 글과, 800만 웹페이지, 15억 개 단어를 학습했다. 2020년 GPT-3가 출시되면서 글쓰기 능력은 훨씬 고도화되었다. GPT-2보다 더 많은 학습을 하여 약 1조 개의 학습을 한 것으로 알려져 있다. 기존 AI 스피커가 단순한 사실 관계에 대한 질문과 답변을 하는 수준이라면 GPT-3은 철학적인 질문에 수준 높은 답변을 하거나 컴퓨터 프로그래밍을 해준다.

예를 들어 '창이 조그맣게 뜨며 5개의 질문을 선택할 수 있으며, 사용자가 답변을 하면 다음 페이지로 넘어가는 프로그램을 만들어 줘.'라고 주문을 하면 알아서 컴퓨터 프로그래머처럼 소스를 짜서 프로그램을 작동하게 한다. 신기해 보이지만 원리는 비교적 간단하다. 1조 개라는 방대한 학습을 했기 때문에 질문을 하는 내용에 대해서 학습한 것을 기계적으로 답변하는 것이다. 입력되는 각종 정보의 값이 방대하다 보니 사람처럼 자연스럽게 답변하는 경우가 점차 늘고 있다.


오픈 AI는 처음에는 일론 머스크(Elon Muk)가 투자를 해서 만들어진 비영리 단체였다. 테슬라는 인공지능 기술을 기반으로 한 자율주행으로 유명하기는 하지만 그는 대표적인 인공지능

경계론자이기도 하다. 그는 인공지능이 영리를 목적으로 두는 구글, 아마존, 마이크로소프트, 페이스북과 같은 글로벌 기업을 중심으로 발전하고 있다는 사실을 위험하게 생각하고 있다. 그래서 비영리 인공지능 단체가 필요하다고 생각해 오픈 AI를 만들었다. 이후 마이크로소프트가 1.2조원이라는 막대한 돈을 투자했고, 이 돈으로 수많은 자료와 컴퓨터를 구입해 학습했다.

오픈 AI는 문장의 일부분을 입력하면 내용을 파악해 뒤에 이어질 내용을 만들 수도 있다. 지금은 사람이 한 문장을 입력하면 이어질 문장을 3,600자 정도로 만드는 수준으로 알려져 있다. 판타지 소설 '반지의 제왕'에 나오는 레골라스와 김리는 함성을 지르며 무기를 들고 오크를 향해 진격했다.'라고 입력하면 자동으로 '오크들은 귀가 먹먹할 정도의 맹렬한 공격을 퍼부었다. 심지어 엘론드마저 후퇴할 수밖에 없었다.'라고 시작되는 2,000자 정도의 글을 자동으로 써준다.

사람이 어색한 부분을 수정해주면 다시 인공지능은 전체를 수정해서 소설을 다듬어 나간다. 아직까지는 인공지능이 혼자서 글을 쓰는 것이 아니고, 사람과 함께 해야 하지만 개발팀은 머지않아 인공지능 혼자서 완벽히 소설을 쓸 수 있을 것이라고 이야기했다. 인공지능이 글을 쓰는 시도는 여러 기업이 진행 중이다.

대중을 대상으로 신문기사를 쓰는 인공지능도 점차 늘어나고 있다. 포브스의 '퀼', 워싱턴포스트의 '헬리오그래프', AP통신의 '워드 스미스' 등이 대표적이다. 오토메이티드 인사이츠(Automated Insight)에서 개발한 워드 스미스(Word smith)는 기업 실적 관련 기사를 주로 쓰는데 2014년에 이미 2억 개 이상의 글을 써서 인간보다 우월한 생산성을 보여주어 주목을 받았다. 엑셀 자료만 주어도 기사를 알아서 작성해준다. 그것도 인지도가 낮아 기사 양으로 승부하는 3류 신문사가 아니라 블룸버그 같은 전문성과 공신력 있는 언론의 기사도 많이 작성해준다.

AI 로봇 기자가 처음 등장했을 때만 해도 사람들은 AI 기자가 스포츠 기사나 증권 시황 등 사실만을 빠르게 전달하는 단신 기사만 쓸 수 있을 것이라고 전망했다. 하지만 로이터통신의 '로이터 트레이서'는 기자처럼 상황을 분석해 기사를 어떻게 쓸지 스스로 판단한다. 하루에 1,200만 개 트위터 게시물을 살펴보며 그날 이슈를 파악한 후 기사를 작성한다.

글을 쓰는 능력뿐만 아니라 그림을 그리거나 이미지를 창조하는 능력도 다양하게 시도되고 있다. 중국 알리바바는 '루반'이라는 인공지능 디자이너를 활용하고 있다. 2016년 기준으로 1년에 1.7억 장의 광고 포스터를 제작했다. 클릭률을 기존보다 100% 상승시켰다고 발표하기도 했다.

# 사무직 노동은
# 어떻게 바뀌는가?

인공지능의 발전은 특수한 직종뿐만 아니라 사무직의 업무도 점차적으로 바꿀 것이다. 이는 인공지능이 많은 일을 할 수 있게 되면서 사무직 노동자의 업무도 점차 맡게 되기 때문이다. 이는 곧 직업의 위기로도 이어질 수 있는 문제다.

지금은 파워포인트와 엑셀로 문서 작업을 한다고 가정한다면 여기서 받을 수 있는 기술적 도움은 오타를 잡아내거나 추천 단어를 보여주는 정도이다. 하지만 앞으로는 검색 기술의 발달로 내가 작성한 보고서나 기획서의 내용을 작성하거나 추천해줄 수도 있을 것이다. 사무직 노동자는 업무 효율성을 위해서 인터넷에서 템플릿을 찾거나 주위 사람들에게 참고할 만한 문서를 찾는 경우가 많다. 하지만 앞으로는 회사 내에서 작성된 문서 등과 인터넷에서 최적화된 정보와 샘플을 결합해 내가 만들어야 하는 문서의 기본 내용을 인공지능이 추천해줄 것이다. 앞으로 많은 부분이 자동화되고 개인의 경험과 노하우가 크게 작용하지 않는다면 사무직 노동자가 사라질 수도 있다. 심지어 해외 전문가들은 앞으로 상사의 명령을 따라 일을 할 필요가 없는 세상이 올 수도 있다고 이야기한다. 상사가 지시하는 것보다 인공지능이 지시하는 것이 더 합리적이고 생산성 확대의 도움을 줄 수 있기 때문이다. 이미 구글이 이런 가능성을 보여주는 영상을 공개하기도 했다.

인공지능이 메일을 읽어보니 장문의 내용이지만 결국 핵심은 11월 22일 만나자는 이야기인 것을 알고 자동으로 '간다', '안 간다', '아직 잘 모르겠다'라는 선택 버튼이 나오고 이를 선택하면 자동으로 적당한 답변 메일을 써주는 영상을 공개했다. 이는 인공지능이 사무직 일도 수행할 수 있는 가능성을 보여준 것이다. 일반 사원의 사무직 일만 위협받는 것이 아니다.

오랜 시간 IT가 원했던 것은 '경영 의사결정 지원시스템(DSS; Decision Support System)'이다. 회사의 존폐까지 결정할 수 있는 기업의 의사 결정을 개인의 경험과 개인의 직관에만 의존하는 것이 아니라 빅데이터를 기반으로 한 인공지능 시스템이 기업의 의사결정까지 대신해주는 것이다.

인공지능의 발달로 반복적인 작업이 많거나 체계화시킬 수 있는 일, 관리 업무 등의 일은 크게 줄어들 것이다. 이미 대기업들도 RPA(Robotic Process Automation)를 앞다투며 도입하고 있다. RPA는 기업에서 반복적인 일이 많은 재무, 회계, 구매, 고객 관리 등에서 단순하게 반복하는 업무를 분석해주는 소프트웨어이다. 이런 흐름을 반영해 전문가들은 부서의 중간 관리자가 사라질 것이라고 전망하기도 했다. 하지만 많은 사무직 일자리가 줄어들지만 그중에서도 몸값이 크게 올라가는 직종도 있을 것이라고 예상했다.

몸값이 올라가는 직종으로는 창의적인 일, 정형화시킬 수 없는 일, 고도의 전문적인 일을 하는 사무직 노동자가 될 것이다. 앞으로는 더욱 대부분의 일이 자동화, 정형화되면서 기업 입장에서는 경쟁 업체들과 차별화된 가치를 제공하기 위해 고군분투해야 한다. 이 때문에 고객들에게 차별화된 제품을 제공할 수 있는 능력을 가진 사람의 가치는 급증할 수밖에 없는 것이다. 그러나 사무직 노동자들이야 말로 사회를 지탱하는 중산층이기 때문에 이들의 몰락은 사회적 양극화를 심화시킬 것으로 보인다.

부자와 가난한 사람의 대결은 심화되어 사회적 갈등은 늘어날 수밖에 없다. 이를 해결하기 위한 사회적 비용도 크게 증가 될 것이다. 사회를 유지하는 메커니즘 중 하나는 열심히 공부하면 좋은 회사에 취직해 사무직으로 일할 수 있고, 어느 정도 경제적으로도 안정적인 삶을 누릴 수 있다는 것이다. 하지만 중산층의 감소는 부를 쌓을 기회마저 박탈당하는 것을 의미한다. 희망이 보이지 않으면 더 이상 열심히 공부를 하거나 일을 하려고 하지 않을 것이다. 이것은 사회적으로 각종 문제를 양상하게 될 확률이 크다.

인공지능으로 인한 일자리의 위협은 사무직뿐만 아니라 모든 일자리의 영역으로 이미 확장되고 있다. 특히, 기계와 AI의 결합으로 사회적으로 취약한 긱노동의 위험성이 강화되고 있다. 긱(gig)은 영어로 '공연'을 뜻한다. 긱 이코노미(gig economy)는 필요할 때마다 부르는 가수나 밴드처럼 주로 불러서 하는 일이 많아지면서 붙여진 용어이다. 생소할 수 있지만 흔히 알고 있는 프리랜서 혹은 단기 계약직과 크게 다르지 않다. 긱 이코노미가 주목받는 이유는 스마트폰의 발달 때문이다. 기존에는 프리랜서와 단기 계약직이 일부 영역에서 한정적으로 운영되었지만 스마트폰의 발달로 분야와 직종을 가리지 않고 확대되었다.

2015년 매킨지는 긱을 '디지털 장터에서 거래되는 기간제 근로자'라고 정의하기도 했다. 긱은 이제 우리 주위에서 흔히 볼 수 있다. 우리는 이미 앱으로 음식을 배달하고 주문한 상품을 택배로 받는 것이 일상생활이 되었다. 여기서 일하는 사람들은 대부분 기업에 소속된 것이 아니라 그때그때 일이 생기면 일을 받아서 하는 사람이 많다.

크몽(https://kmong.com)이라는 전문 플랫폼을 살펴보자. 자신이 할 줄 아는 특기를 올리면 필요한 사람이 비용을 지급하고 일을 의뢰하는 방식이다. 일의 종류는 우리가 생각하는 것보다 훨씬 많다. 명함 만들기, 로고 만들기, 웹 사이트 디자인하기, 프로그램 개발하기, 번역하기, 사업 계획서나 제안서 써주기, 초상화 그려주기, 타이핑해 주기 등 필요한 일들이 이 사이트에 올라온다.

# 로봇 기술의 강국은 아니지만
# 로봇 활용으로 강국인 나라

인공지능과 로봇으로 크게 변화될 곳은 사무직뿐만이 아니라 제조업과 서비스업도 포함된다. 특히 인공지능과 로봇의 발달은 우리나라에 문제를 일으킬 수 있다. 우리나라가 로봇 강국이기 때문인데 더 정확하게는 로봇 소비 강국이다. 현재 로봇 산업은 일본이 가장 앞서 있다. 일본이 사랑하는 최고의 만화 캐릭터인 아톰이 1952년에 등장한 이후 로봇에 대한 국민적 관심이 높아져 로봇 산업이 크게 발달했다. 세계 10대 로봇 회사 중 절반은 일본 회사이다. 우리나라는 아직 로봇 기술이 일본에 비해 2~3년 뒤처져 있는 것으로 알려져 있다.

하지만 우리나라 로봇 소비는 세계 1위이다. 국제로봇연맹(IFR)에 따르면 제조업 1만 명당 로봇 수를 말하는 '로봇 밀집도'

에서 우리나라는 531개로 2위를 한 398개의 숫자보다 확실히 많았다. 2017년 우리나라는 710대로 늘어나 여전히 세계 1위인 것으로 조사되었다.

우리나라는 제조업이 발달된 나라지만 노동 경직성으로 인해 인건비가 비싼 만큼 사업주는 로봇을 선호한다. 최저임금 인상으로 공장뿐만 아니라 자영업자들이 앞 다투어 로봇을 구매하고 있는 현실에서 당분간 우리나라가 로봇 사용 1위 국가를 다른 나라에 내줄 가능성은 희박해 보인다. 이런 경향을 반영해 세계적 컨설팅 회사인 매킨지는 '한국은 2030년까지 노동인구의 25~26%가 로봇과 자동화로 인해 일자리를 잃을 것이라고 전망하기도 했다. 지금은 산업용 로봇과 서비스형 로봇이 지능이 없는 상태로 반복적인 업무만 하고 있지만 인공지능과 결합되었을 경우 예상보다 더 큰 일자리 감소로 이어질 수 있다.

특히, 산업용 로봇의 인공지능은 제한된 범위 내에서 입력된 일만 하기 때문에 인공지능과의 결합이 쉽다. 로봇과 인공지능의 결합은 그 어떤 분야보다 빠르게 진척될 것으로 보인다. 주목할 점은 산업용 인공지능 로봇으로 인해 일자리를 잃는 노동자의 상당수가 일자리 이동이 어려워 실업 상태를 오랜 시간 동안 지속할 수 있다는 것이다.

많은 사람들이 현재 우리 사회가 일자리가 줄어들고 있다고 생각하지만 아니다. 통계적으로 보면 전 세계적으로 기존에 없던 새로운 서비스가 생겨나면서 일자리는 늘고 있다. 하지만 대부분의 사람이 일자리가 줄어든다고 생각하는 이유는 좋은 정규직 일자리가 줄어들고 있기 때문이다. 늘어나는 일자리의 대부분은 긱(geek)이 차지할 것이다.

미국은 2014년 기준 이미 전체 노동자의 34%가 긱의 일자리라는 발표를 했고, 2020년에는 40%가 될 것이라고 미국 회계법인 '인튜이트(Intuit)'가 전망하기도 했다. 긱의 일거리가 많아져서 생기는 문제로는 노동자가 정당한 보호를 받지 못한다는 것이다. 이 말은 기존에는 식당에서 배달을 해도 식당에 노동자의 권리가 있어서 일이 있으나 없으나 고정적인 수입이 보장되었고, 일하다가 다쳤어도 원칙적으로 보호를 받을 수 있었다. 그러나 긱은 식당에서 필요할 때마다 일회성으로 부르기 때문에 연속성이나 지속성이 없다. 그로인해 수익의 감소와 스트레스는 증가된다. 다쳤을 때도 마찬가지이다. 음식 배달을 하는 일을 하고 있다면 식당과 단기 계약을 맺은 독립 사업자이기 때문에 노동자로서 정당한 요구를 할 수가 없다. 일하는 입장에서는 열악한 근무 환경으로 처우 개선이 필요하지만 기업 입장에서는 참으로 좋은 일자리이다. 앱으로 단기적으로 편하게 사람을 구해서 사용할 수 있으니 말이다. 이는 기업으로서 노동자의 근무환경과 복지에 신경을 쓸 필요가 없다는 것을 의미한다.

이미 1930년 존 메이너드 케인즈(John Maynard Keynes)는 기술의 발달로 만들어진 실업을 사회적 병으로 진단했다. 이 병의 특징은 인간이 노동의 새로운 용도를 찾아내는 것보다 노동을 절약하는 방법을 더 빠르고 쉽게 찾아낸다고 보았다. 2016년 다보스 세계경제포럼에서 세계고용의 65%를 차지하는 주요 15개국에서 5년 내 716만 개 일자리가 사리지고 202만 개 일자리가 생길 것으로 전망했다. 즉 510만 개 일자리는 사라질 것으로 예측했다. 특히 아직은 개발 초기 단계이기 때문에 인공지능이 핵심적인 일은 할 수 없고, 보조적인 위치이기 때문에 이와 같은 업무의 일자리가 대량으로 줄어들 것으로 예측했다. 이 때문에 남성 일자리보다는 여성 일자리가 훨씬 더 많이 줄어들 것으로 경고했다.

긱 이코노미가 활성화되고 양질의 일자리가 줄어들게 되면 노동자의 삶의 질은 하락할 수밖에 없을 것이다. 하지만 단순히 양과 질의 하락뿐만 아니라 조직력이 떨어짐에 따라 협상력 하락 등 노동의 가치는 떨어질 수밖에 없다.

19세기 마르크스는 자본가와 노동자의 대결을 예상했고 현재까지도 회사와 노동자 간의 적절한 긴장을 유지하며 발전해 가고 있다. 하지만 마르크스가 예상한 자본가와 노동자가 대결하며 사는 세상의 수명은 거의 끝나가고 있다. 앞으로 노동운동이 사라질 수 있기 때문이다. 노동자가 없는데 무슨 노동운동이 존재할 수 있냐는 말이다. 물론 노동자가 완전히 없어지지는 않을 것이다. 많은 사람이 지금처럼 정규직으로 근무하는 것이 아니라 스마트폰을 통해 여러 업체의 일을 하게 될 것이다. 이는 노동자가 단합하기 힘든 구조이기 때문에 노조의 힘이 약해질 수밖에 없다. 기업 입장에서는 그동안 골치 아프던 노동조합 문제도 깔끔히 정리할 수 있다. 연대의 힘이 줄어들어 노동운동은 힘을 잃을 수밖에 없는 원인이 될 것이다.

노동운동의 힘은 약해지지만 기술의 발달은 필연적으로 긱 이코노미를 더 성장시킬 것이 확실하다. 특히, 긱 이코노미가 무서운 이유는 긱 이코노미 플랫폼이 빅데이터와 인공지능과 결합되어 극도의 효율성을 추구할 수 있게 되었다는 점이다. 과거 중화요리집에서 배달을 하는 사람은 식당에 소속되어 있어 점심시간과 저녁 시간에만 정신이 없었고 나머지 시간에는 쉴 수 있는 여유가 있었다. 하지만, 플랫폼을 통해 일하는 배달원은 점심시간과 저녁 시간에만 몰아서 일을 하게 되고 주문이 없는 시간에는 오토바이 퀵 서비스 같은 일을 알아봐야 한다. 이처럼 플랫폼 노동은 효율성을 추구한다. 이 효율성이 인공지능과 빅데이터 결합으로 매우 정교화되고, 회사 입장에서는 극도의 효율성을 가져다줄 것이다. 빅데이터와 인공지능으로 분석한 자료를 통해 업무 지시를 실시간으로 내릴 수 있다. 특히, 수많은 사람이 비슷한 일을 동일 플랫폼에서 일하기 때문에 빅데이터 확보가 수월하다. 데이터를 분석하고 가공해 극도의 효율성을 추구하면서 지금 어떤 방식으로 어떻게 작업을 하라고 지시하기도 쉽다. 여기에 증강현실(AR; Augmented Rality) 기술까지 활용이 된다면 수많은 긱 노동자는 플랫폼에 붙어서 인공지능의 지시를 받아 몸만 움직이는 노예로 전락할 가능성도 존재한다.

# 앞으로도 인간은
# 인간으로서 존재하는가?

인공지능이 발달한 미래에는 어떤 삶을 살게 될 것인지 살펴보자. 원시시대에는 사람이 동물을 무시하는 경우가 없었다. 오히려 숭배의 대상이었다. 약 3만 년 전에 그려진 인류 최초의 그림인 '쇼베 동굴'에서 발견된 그림을 보면 사자, 코뿔소, 곰, 표범 등이 마치 숭배하듯이 그려져 있다.

토테미즘, 애니미즘 등 원시 신앙은 동물을 사람보다 우월한 존재인 신처럼 보는 경우가 많았다. 하지만 농업혁명은 사람이 동물을 바라보는 가치관을 통째로 바꾸었다. 동물을 신의 영역에서 도구의 영역으로 끌어내렸다. 도구의 끝은 가축이 있었다. 농사를 짓기 위해서 소를 길들였고 아침부터 저녁까지 혹독한 노동을 시켰다. 말은 인간을 위해 계속 달려야 했고, 양은 인간을 위해 우유를 제공해야 했다. 기술은 발달할수록 가축의 도구화는 더욱 커졌다. 태어나면서부터 몸도 움직일 수 없는 공간에서 새끼를 낳고 젖을 먹이며 제 명에 못 살고 죽는 일이 생겼다. 그러나 가축만 인간의 이익을 위해 혹사당한 것이 아니었다.

야생 동물은 귀족의 취미 생활을 위해 사냥개에게 쫓기다가 결국 총에 맞아 죽었다. 요즘은 야생동물이 야생에 없고 동물원에 갇혀 지내는 경우가 많다.

인공지능을 반대하는 전문가가 걱정하는 것은 단순히 기술의 발전으로 일자리가 줄어드는 수준이 아니다. 인간이 가축화되거나 멸종될 수 있다는 우려감까지도 갖고 있는 경우가 많다. 단지 영화에서 나오는 이야기가 아니다. 일부 전문가는 인공지능이 우리보다 훨씬 똑똑해질 경우 사람이 동물의 동의를 받지 않고 동물을 가축화시키거나 멸종시킨 것처럼 인공지능이 우리를 가두고 때리고 죽이는 일이 생길 것이라고 주장한다.

새천년을 여는 2000년 4월에 미국에서 가장 유명한 디지털 전문 잡지인 「와이어드(Wired)」는 '왜 미래에는 인간이 필요하지 않은가?'라는 도발적인 칼럼으로 세계적인 논쟁거리를 만들었다. 가까운 시간 내에 기술이 발전해 인간은 기술의 지배를 받거나 심할 경우 기술의 역습으로 멸망할 수 있다는 주장이었다. 디지털 기술에 매우 우호적인 디지털 전문 잡지에 이런 글이 실린 것이 이례적인 일이었다. 더 놀라운 것은 디지털 기술을 반대하는 인문학자, 환경론자, 시민단체가 아닌 디지털 기술을 최선두에서 이끌어가는 IT 리더의 칼럼이었기 때문에 더욱 화제가 되었다.

이 칼럼을 쓴 사람은 빌 조이(Bill Joy)로 빌 클린턴 대통령 시절 '정보기술에 관한 대통령 자문위원회'의 공동의장을 역임하기도 했다. 그는 썬마이크로시스템즈의 공동 창업자로 IT 업계에서는 널리 알려진 인물이며, 전 세계 IT 업계를 이끌어가는 핵심 인물 중 한 명이다.

이 칼럼 이후 빌조이의 주장에 동의하거나 비슷한 생각을 가진 지식인이 많이 생겨나기 시작했다. 대표적인 사람은 우리나라에서도 《사피엔스》라는 저서로 유명한 '유발 하라리(Yuval Harari)'이다. 그의 또 다른 저서인 《호모 데우스》를 보면 인공지능이 우리를 멸종시킬 수 있다는 우려가 곳곳에서 나온다. 또 《기계 사이의 다윈》 등 기술 발전에 대한 책을 쓴 조지 다이슨(George Dyson)은 '인간', '자연', '기계'가 서로 공존 발전하다가 결국은 자연이 기계의 손을 들어줄 것이라고 우려하고 있다.

인간은 결국 기계와의 경쟁에서 밀려 사라지게 될 수도 있다고 경고한다. 그 시기는 우리가 생각하는 것보다 더 빠른 2030년 정도가 될 것으로 보이며 이때가 되면 기계가 스스로 더 좋은 기계를 생산하며 인간과 비교가 되지 않을 정도로 빠르게 진화할 것으로 전망했다.

　뉴턴 이후 최고의 물리학자라고 이야기하는 스티븐 호킹 박사도 인공지능의 위험성을 경고했다. "생각하는 로봇 개발을 위한 완전한 인공지능의 등장은 인류의 멸망을 가져올지 모른다."라며 우려의 목소리를 높였다. 또한 영국 런던에서 열린 '자이트가이스트 2015' 콘퍼런스에서는 "100년 안에 인공지능이 인간보다 우수해진다고 주장했다. 컴퓨터가 사람을 지배하는 세상이 올 수도 있다."라고 주장해 전 세계적인 주목을 받았다.

　그는 지금까지의 초기 인공지능 기술은 유용성을 충분히 입증했다면서도 인간의 능력에 필적하거나 이를 뛰어넘는 인공지능이 등장할 가능성에 두려움을 느낀다고 밝혔다. 사람의 진화는 매우 느리나 기술은 어느 순간 임계점에 도달하면 폭발적으로 발전하기 때문에 기계가 사람을 뛰어넘을 수 있다고 경고한 것이다. 인공지능 기술이 스스로 생각하고 학습할 수 있는 수준이 된다는 것은 인류의 재앙으로 다가올 수 있다고 말한 것이다.

# 인간은 영원히
# 살 수 있을까?

　인간의 가축화 혹은 멸종을 우려하는 주장의 근거는 비교적 간단하다. 지구상에 존재하던 동물계 중에서 최고 자리를 두고 아름답게 공존한 경우는 없었다는 것이다. 최고 자리를 두고 경쟁하다가 최고가 결정되면 나머지 종은 철저하게 다스려지거나 멸종한 것이 역사이다.

　인간의 멸종을 이야기하는 전문가도 있지만 기술의 발달로 인간이 영생을 얻게 된다는 주장도 있다. 레이 커즈와일(Ray Kurzweil)은 컴퓨터가 글을 읽을 수 있게 해주는 기술인 광학문자인식(OCR) 등 인공지능 분야를 발명해 세계 최고의 발명가이자 미래 학자로 인정받았다.

　「월스트리트저널」은 그를 '지칠 줄 모르는 천재'라고 칭찬

했으며, 「포브스」는 '최고의 사고를 하는 기계'라고 극찬하기도 했다. 그는 1988년 MIT에서 '올해의 발명가'로 선정되었고, 1994년에는 카네기 멜론대에서 최고 과학상인 디킨슨상을 받았다. 그 외 미국기술훈장, 레멜슨-MIT상을 받았다. 그를 이토록 인정하는 이유는 생존하는 사람 중 유일하게 3명의 미국 대통령에게서 상을 받았기 때문이기도 하다.

천재 발명가이도 하지만 1980년대 이미 인터넷의 폭발적 확산으로 세상이 지금과는 다르게 완전히 바뀔 것이라고 정확히 예언하기도 했으며, 사람을 이기는 체스 컴퓨터의 등장을 정확히 예견해 미래학자로도 인정받았다.

레이 커즈와일은 자신은 죽지 않고 영생을 누리는 첫 번째 사람이 될 것이라고 이야기한다. 그의 책《마음의 탄생》에서는 두뇌는 일정 패턴과 전기 충격으로 만들어졌기 때문에 이를 잘 분석하면 HDD에 기록하는 것처럼 자유롭게 기록할 수 있다고 이야기한다. 결국 사람의 머리를 컴퓨터처럼 자유롭게 정보를 입력하고 지우는 세상이 올 것이라고 주장한다.

그는 기계가 인간의 지능을 초월하는 순간을 '특이점'이라고 이야기했다. 인터넷에서 기존과 다른 황당한 획기적 변화를 '특이점이 왔다.'라고 표현하는데, 천문학에서 사용하던 용어를 기술적 용어로 처음 사용해 대중화시킨 사람도 커즈와일이다. 그는 천 년의 마지막 해인 1999년 1월 1일 세계적인 논란을 만든

《정신적 기계의 시대: 컴퓨터가 인간의 지능을 뛰어 넘었을 때
(원제: The Age of Spiritual Machines: When Computers Exceed Human Intelligence)》라는 책을 출간했다.

그는 영화에서 흔히 나오는 장면이 조만간 현실화될 것이라고 이야기한다. 단순히 판단력이 뛰어난 정보 기술이 아니라 2029년에 인간의 뇌처럼 모든 것을 사고할 수 있는 능력을 가진 기계가 개발된다고 주장했다. 그 이후 기계의 지능이 비약적으로 발전해 2045년에는 인간의 지능을 수십억 배 능가하게 된다고 말한다.

당시 이 책이 출간되었을 때 지나치게 앞선 이야기라는 비판을 받았지만 인공지능을 주위에서 만나게 되는 요즘 이 주장이 더 이상 과도한 상상력을 동원한 생각이라고 생각하지 않는다. 커즈와일은 우리가 기술의 도움을 받아 판단하는 것이 아니라 인간과 로봇이 하나가 되는 세상을 이야기했다.

그는 미디어와의 인터뷰에서 사람은 곧 사이보그가 될 것이라고 말했다. 지금의 의학 기술은 질병을 치료하는 데 목적이 있지만 앞으로의 의학은 정보와 기술을 결합해 인간의 한계를 뛰어넘게 될 것이라고 예측했다. 흔히 이용하는 콘택트렌즈가 시력 교정을 넘어 기술의 발전으로 수 킬로미터 떨어진 물체까지 볼 수 있고, 증강 현실 기술로 관련 정보까지 보여준다는 것이다.

그는 기술의 발전으로 영생할 수 있는 가능성에 대해서도 이야기하며 인간이 조만간 단백질로 이루어진 신체를 버리고 기계에 몸과 정신을 의존하게 될 것이라고 이야기했다. 결국 사람의 몸은 기계가 되고 정신은 정보 기술의 도움을 받는다는 뜻이다. 이쯤 되면 우리가 사람인지 기계인지 구분하기 힘든 세상이 되는 것이다.

그는 조만간 사람이 영생할 수 있다고 주장하며《영원히 사는 법》이라는 책도 냈다. 그는 2045년이 되면 영원히 살 수 있는 기술이 개발되니 건강관리를 잘하면서 죽지 않고 그때까지만 버티면 영생을 얻을 수 있다고 조언하고 있다. 그래서 책의 대부분의 내용이 건강관리와 식이 요법에 대한 이야기이다.

빌 게이츠는 레일 커즈와일의 주장에 대해 "인공지능 분야 최고 권위자가 들려주는 인류 문명의 미래"라며 그의 주장에 동의했다. 커즈와일과 비슷한 주장을 하는 전문가로 카네기 멜론 대학교 부설 로봇연구소 겸임교수인 한스 모라백(Hans Moravec)이 있다. 그가 쓴《마음의 아이들》은 로봇 분야에서 자주 인용될 정도로 유명한 책이다. 1998년에 나왔지만 아직도 많은 사람이 읽고 있는 인공지능 분야의 고전이다.

이 책에서 그는 로봇이 사람의 자식이라는 다소 파격적인 주장을 펼친다. 인류는 발전을 하기 위해 자식에게 지식, 생각, 문화, 가치관 등을 전달하며 발전해왔는데 이제 로봇이 인간보다 더 많은 것들을 발전시킬 수 있는 세상이 가까이 다가오고 있다는 것이다. 그는 이를 후기생물사회(postbiological)라고 정의했다.

인류는 세대를 이어오면서 정신적인 가치를 이어나갔다. 또 그것을 다음 세대가 발전시키며 진화했다. 그러나 미래에는 로봇이 인간의 지능과 한계를 뛰어넘을 것으로 보인다. 다만 그 시기가 정확하게 언제인지를 예측하기 힘들 뿐이다.

한스 모라백은 앞으로 인간과 로봇이 사실상 하나가 된 세상이 올 것이라고 예측했다. 컴퓨터에서 서버에 자료를 올리는 것처럼 '마인드 업로딩(mind uploading)'을 하며 사람의 정신이 오롯이 로봇으로 전송될 수 있다는 것이다. 이 경우 우리는 완전히 로봇이 되었기 때문에 영생을 누릴 수 있다고 주장했다. 이외에도 초지능이 등장할 것이라고 주장하는 옥스퍼드 대학교의 닉 보스트롬 교수 등이 있다.

영화에서 보는 것처럼 인공지능이 사람을 지배할 정도로 발전할 것인가에 대해서는 사실 아직 전문가마다 의견이 다르다. 인공지능이 인간을 능가하고 우리를 지배할 것이라고 보는 전문가도 많지만 그렇지 않은 전문가도 많다. 앤드류 응(Andrew Ng) 박사는 인공지능이 사람의 수준으로 발달하거나 초지능으로 인간 이상으로 발전할 것에 대해 불가능하다고 주장한다.

그는 스탠퍼드 대학교 컴퓨터 공학과 교수 출신으로 세계 4대 인공지능 전문가 중 한 명으로 뽑힌다. 구글에서 인공지능 연구 조직인 '구글 브레인'을 공동 설립해 음성인식기술 개발을 주도했다. 이후 중국을 대표하는 검색 포털 사이트 '바이두'에 CTO로 근무하다 퇴사 후 '랜딩에이아이'라는 인공지능 회사를 창업했다.

그는 "사악한 AI가 단기간 내에 출현할 가능성은 사실 없다. 인간의 지능을 뛰어넘는 초지능의 출현 가능성에 대해서는 사악한 초지능의 등장을 현 시점에서 걱정하는 것은 벌써부터 화성의 인구 과잉 상태를 우려하는 것과 같다."라고 이야기했다.

또 다른 전문가로는 MIT 인공지능연구소 초대 소장이었던 로드니 브룩스이다. 인공지능이 사람의 수준으로 발달할 것이라는 것에 대해서 부정적인 생각을 가진 것으로 알려져 있다. 이뿐만 아니라 2016년 세계에서 가장 영향력 있는 과학자로 선정되었던 UC 버클리 전기공학과 및 컴퓨터학과 교수인 마이클 조던도 비슷한 견해를 말했다. 로봇이 사람을 넘어서기 위해서는 적어도 수백 년이 걸릴 것이라고 이야기한다.

인공지능이 사람의 지능을 초과할 것이라고 주장하는 사람은 대부분 한 분야에서 크게 성공하거나 기술 분야에서 세계적인 석학인 경우가 많다. 하지만 대부분 직접 인공지능을 개발하지는 않는다. 이들은 인공지능 외에 다양한 분야를 종합적으로 검토 후 미래를 예측한다. 하지만 인공지능을 실제로 개발하는 전문가들은 인공지능만 생각하고 이야기하기 때문에 사람을 능가하는 초지능 인공지능에 대해서는 아직 부정적인 경우가 많다. 실제 개발해야 하는 입장에서 이제 막 어린아이가 기어 다니는 수준인데, 초지능은 이 아이가 커서 빨리 달리는 것을 넘어 날아다닐 수 있다고 주장하는 것과 같았기 때문이다. 근거가 부족한 상태에서 상상의 날개를 크게 펴고 있다는 것이다. 실제로 영화에서 흔히 나오는 것처럼 초지능의 인간이 되기 위해서는 아직 기술적인 근거가 미약한 것이 사실이다. 하지만 기술의 발전은 알 수 없기에 미래에 그런 기술이 나오지 않는다고 단정하기도 어렵다.

# 위험한 인공지능을
# 왜 개발하는가?

조금 본질적인 질문을 해보자. 인공지능이 발달해 인간이 가축화될 수 있는 세상, 사이보그처럼 되어 영원히 살 수 있는 세상. 좋아 보이기도하고, 무서워 보이기도 하는 인공지능을 과연 왜 개발하는 것일까? 기업이 돈을 벌기 위해서 혹은 우리가 편안하게 생활하기 위해서? 모두 맞는 말이다. 하지만 이 문제를 근원적으로 살펴보기 위해 조금 길게 볼 필요가 있다. 불과 몇백 년 전까지만 해도 전쟁의 공포, 병으로 인한 사망, 굶어 죽는 일은 흔한 일이었다. 남자는 전쟁에 나가 찔려 죽거나 맞아 죽었다. 늙어 죽는 것은 신이 내린 축복이었다. 삶이 공포 영화였고, 공포영화가 생활이었다. 조금이라도 평안을 얻기 위해서는 신에게 의지해야 했다. 하지만 신은 죽은 다음에는 행복하게 해줄지 몰라도 살아 있는 인간 세상을 행복하게 해주지 않았다. 토머스 모어(Thomas More)는 인간 스스로 더 아름답고 행복한 세상을 만들어야 한다고 생각했다.

그는 자신의 저서 《유토피아》에서 인간의 이성과 덕성을 통해 세상을 더 발전시킬 수 있다고 주장했다. 당시에는 정말 파격적인 생각이었다. 보이지 않는 제도를 잘 개발하면 인간 사회의 미래가 보일 것이라고 생각한 대단한 발명이었다. 하지만 그가 꿈꾼 유토피아에서 풀리지 않는 문제가 있었다. 모든 사람이 평등하고 일은 조금만 하는 이상적인 세상을 꿈꾸었지만 쉽지 않았다. 그래서 그도 노예는 가혹한 노동을 해야 하고, 부족하다면 외국에서 노예를 데리고 와야 한다고 생각했다. 그의 생각은 지금 우리가 살고 있는 현실과도 크게 다르지 않다. 대부분의 사람이 과거에 비해 평등하게 살고, 하고 싶은 일을 하고 있지만 누군가는 저임금을 받고 있으며, 누구나 피하는 일은 외국인 노동자가 그 자리를 채우고 있는 현실과 비슷하다.

인공지능에 대해서 가장 유명한 상은 '뢰브너상(Loebner Prize)'이다. 튜링 테스트라고 불리는데 기계가 인간과 얼마나 비슷하게 대화할 수 있는지를 판별하는 경진대회이다. 이는 1950년 컴퓨터의 아버지인 '앨런 튜링'이 제인힌 방법으로 인공지능 소프트웨어와 메시지를 주고받으며 사람과 구분하지 못할 정도로 대화가 자연스러우면 상을 받는 것이다. 이 상을 만들고 후원하고 있는 백만장자인 뢰브너 박사가 이 상을 만든 이유는 인공지능이 세상을 유토피아로 만들 수 있다고 보았기 때문이다.

그는 토머스 모어가 해결하지 못한 딜레마를 인공지능 로봇이 풀 수 있다고 생각했다. 인공지능의 발달로 로봇이 일을 하고 인간은 행복하게 놀기만 하면 된다고 생각한다. 먹고 사는데 어려움이 없는 백수가 가장 좋은 직업이기에 인공지능 이상주의자들의 주장이 맞다면 세상은 아름다워질 것이다.

하지만 여기에는 중요한 전제가 있다. 로봇이 일을 통해 얻는 수익에 세금을 내게 해야 한다는 점이다. 로봇이 세금을 낸다는 것이 황당해 보일 수 있지만, 꼭 그런 것이 아니다. 원시적인 인공지능 로봇인 자동판매기도 법적으로는 자영업자로 세금을 낸다. 단, 자동판매기 대신 주인이 낸다. 앞으로 인공지능 로봇이 직접 세무서에 세금을 내든 로봇 주인이 세금을 내든이 세금으로 인간이 편하게 베짱이 생활을 할 수 있어야 인공지능 이상주의자들의 꿈이 현실이 된다.

이런 이유 때문에 일자리가 줄어들 수도 있는 세상에서 평범한 사람이 사람답게 살기 위해서는 복지를 늘려야 하고 그러기 위해서는 세금 인상을 해야 한다는 주장이 있다. 대표적으로 마이크로소프트 창업자 빌게이츠는 로봇을 사용하는 사람은 사람을 고용하지 않아 재산 분배 효과가 적기 때문에 더 많은 세금을 사회에 환원해야 한다고 주장했다. 하지만 그의 주장이 도덕적으로는 매우 바람직해 보이지만 현실적으로 쉽지 않다는 문제점이 있다. 대부분의 소프트웨어가 인공지능이 되어가고 있는 현실에서 인공지능이 어디까지인지 규정하는 것도 어려울 뿐만 아니라 가능하다고 해도 그 주체를 특정하기가 힘들다.

구글 인공지능을 연동해서 생산하였을 경우 구글에게 세금을 올려 받아야 하는지 제품 생산자에게 세금을 올려야 하는지도 판단하기 어렵다. 로봇처럼 눈에 보이는 인공지능인 경우 그나마 판단이라도 쉽지만 갈수록 눈에 보이지 않는 생산품 콘텐츠와 소프트웨어가 많아지고 있다. 콘텐츠와 소프트웨어를 만들 때 대부분 인공지능 기술이 들어갈 것인데 이 경우 모두 인공지능 세금을 추가로 받을 수 있을지 의문이다.

기술적으로 어려운 문제도 많다. 흔히 로봇이라고 하면 사람과 비슷한 외모일 것이라고 생각한다. 하지만 이것은 상당 부분 매체의 영향이 크다. 친숙함을 느끼기 위해 공학적 비효율성은 고려하지 않고 인간처럼 캐릭터를 만든 것이다. 이는 단지 영화나 애니메이션에만 해당하는 일이 아니다.

인공지능 컴퓨터 대명사 격인 IBM 왓슨이 미국에서 가장 유명한 퀴즈 프로그램인 '제퍼디'에 출연해 우승을 한 일이 있었다. 이때도 왓슨은 마치 만화영화에서 나오는 것과 같은 장치를 사용했다. 문제를 풀 때에는 마치 사람이 고민하는 것처럼 화면에 둥근 원과 난해한 선들이 돌아가게 해 사람처럼 느껴지기도 했다. 대표적인 인공지능 로봇 중 하나인 일본 소프트뱅크 인공지능 로봇 '페퍼', 중국 의사시험에 합격한 AI 로봇 '샤오이'도 사람과 같은 모습을 하고 있으며 구글에서 검색을 해도 대부분 사람 모습을 한 인공지능 로봇이 나온다.

# 인공지능에게
# 세금을 받을 수 있을까?

    사람과 비슷한 모습을 한 로봇 때문에 독립적 객체로 인식해 일부 사람은 로봇을 소유한 사람에게 과세를 부가하면 된다고 생각한다. 하지만 앞으로는 일부 로봇이 사람과 닮은 모습일 수 있지만 대부분의 로봇은 그렇지 않기 때문에 현실성이 부족하다. 심지어 로봇이라고 이야기하기도 힘들 수 있기 때문에 주인에게 세금을 물리거나 특정한 정책을 사용하기가 어렵다.

    예를 들어 집을 만들어주는 로봇이 있다. 이 로봇은 어떤 모습일까? 흔히 힘이 세 보이는 튼튼한 남자 혹은 만화에서 나오는 쇠로 만든 로봇 같은 것을 생각하지만 그렇지 않을 가능성이 높다. 굳이 그렇게 비효율적이며 고비용적으로 만들 이유가 없기 때문이다. 페인트를 칠하는 로봇과 못을 박는 모습이 각기 다른 모습으로 작동을 할 것이며 페인트를 칠하는 로봇은 붓 모양에 가까우며 못을 박아주는 로봇은 망치에 가까운 모습일 것이다. 사람처럼 몸집이 크거나 불필요하게 머리, 몸통, 다리 등으로 구분되어 있을 필요가 없다.

붓과 망치 모양에서 인공지능 소프트웨어가 돌아갈 CPU, 모뎀 등이 추가되어 있는 모습으로 충분하며 이것이 효율적이다. 그렇기에 이 붓과 망치에 세금을 물리기도 힘들고, 별도의 정책을 사용하기도 힘들다. 인간이 비행기를 처음 만들 때는 새와 비슷하게 비행기를 만들려고 했다. 하지만 정작 본격적으로 비행기가 발전하기 시작하자 새의 날개처럼 퍼덕이는 비행기는 찾아볼 수 없게 되었다.

마찬가지로 지금은 대중의 관심도 받아야 하고 언론에도 나와 투자도 받아야 하기 때문에 인공지능 로봇이 귀엽고, 예쁜 사람의 모습을 하고 있다. 그러나 친근감이 꼭 필요한 일부 로봇을 제외하고는 굳이 사람 모양을 하고 있을 이유가 없다. 또한 애완 로봇과 성인용 로봇 같은 경우 사람의 일자리를 빼앗는 개념이 아니기 때문에 로봇세를 부과할 명분도 없다. 더 나아가 일자리를 줄이는 것은 인공지능 로봇뿐만 아니라 핸드폰이나 컴퓨터 속에 들어가 있는 인공지능 소프트웨어일 가능성이 더 높다. 특히, 사무직 노동자의 일자리를 빼앗는 로봇은 대부분 로봇이 아닌 컴퓨터나 스마트폰에 들어가 있는 소프트웨어일 가능성이 크다.

이 소프트웨어 회사에 세금을 받으면 된다고 생각할 수 있지만 꼭 소프트웨어를 개발한 곳이 회사가 아닐 수도 있다. 이미 인공지능 소프트웨어를 만드는 곳 중에 기업이 아닌 자유 소프트웨어로 인터넷에서 자발적으로 모인 프로그래머들에 의해 개발되고 있는 소프트웨어도 많다. 이런 경우 누구에게 돈을 받을 수 있을까? 구글 같은 명확한 대기업이라도 해도 현재 세금을 거의 안 내고 있는 현실에서 알 수 있다. 글로벌 대기업은 조세피난처에서 기업을 영위하는 경우가 많아 세금을 받기가 현실적으로 매우 어렵다. 인공지능에게 세금을 받기 위해 또 고려할 변수는 중국이다. 중국은 미국보다 인공지능 기술에 앞서고 싶어 하는데 세금을 부과할 생각이 전혀 없어 보이기 때문이다. 다른 나라는 세금이 있는데 중국만 없다면 인공지능 기술에서 이미 미국과 경쟁하고 있는 중국으로 많은 기업이 몰려 인공지능 선두 국가로 우뚝 서는 것은 필연적 결과가 될 것이다.

이미 비슷한 흐름이 인공지능 일부 영역에서 벌어지고 있다. 중국은 체제의 특성상 개인정보에 대한 개념이 거의 없다. 개인정보법 등을 고민할 필요 없이 자유롭게 연구하며 남의 데이터를 가져다 쓸 수 있다. 남의 얼굴을 내 얼굴처럼 사용할 수 있기 때문에 사람 얼굴 인식에 대해서는 중국이 미국을 넘어 독

보적인 기술력을 보유하고 있다. 얼굴 인식 기술 관련 대회에서 이미 중국 업체들끼리 사이좋게 나눠서 받아가고 있다. 미국 국가기술표준연 경진대회에서 2018년부터 1위부터 5위까지가 모두 중국 업체였으며 현재도 주요 대회에서 중국 업체가 1위를 하는 경우가 많다. 중국의 대표적인 얼굴 인식 기업인 센스타임(sense time)은 기업의 가치가 6조 원이 넘는다.

미 경제정책연구소의 앨런 바버(Alan Barber) 소장과 세계변호사협회 글로벌 고용정책연구소 게를린트 비스키어켄(Gerlind Wisskirchen) 부소장은 인간 쿼터(Human Quotas)를 법으로 도입해야 한다고 주장했다. 사람을 의무적으로 고용하는 법을 만들자는 것이다. 일자리가 없어질 가능성이 큰 직업에 대해서 먼저 도입이 필요하다고 이야기한다. 이상적으로 생각하면 인공지능 시대에 좋은 대안 중 하나일 수도 있을 것이다. 하지만 기업은 세금보다 고용 의무에 대해서 더 민감하다. 세금은 돈으로 해결할 수 있지만 고용은 평생 책임져야 하며 복잡한 일이 더 많기 때문이다.

전 세계가 동시에 인간 쿼터를 동일한 조건으로 도입하지 않는 이상, 기업은 얼마든지 다른 나라로 이전할 수 있다. 국가 입장에서는 세금과 고용 등 엄청난 손해가 따를 수밖에 없기에 최대한 도입을 미룰 수밖에 없다. 고양이 목에 방울 달기처럼 국가별로 서로 미룰 가능성이 많기 때문에 쉬운 일이 아니다.

로봇세가 도입되어 평범한 사람도 일을 하지 않아도 먹고 사는 데 문제가 없다면 사실 개인이 어떤 준비와 고민을 하지 않아도 될 것이다. 하지만 현실적으로 넘어야 할 산이 많기 때문에 충분한 로봇세를 도입해 사람이 경제적인 이득을 누릴 수 있을 것이라고 생각하는 것은 국민연금만 믿고 노후가 걱정 없다고 이야기하는 것과 비슷한 것이다. 스스로 대비하는 것이 더 현명할 것이다.

인공지능으로 이득을 본 회사가 지금보다 세금을 훨씬 많이 내고, 그 비용으로 대다수의 사람이 살 수 있다면 좋겠지만 아쉽게도 그럴 가능성은 많지 않다. 미래는 둘 중 하나이다. 인공지능 회사가 세금을 많이 내고 나머지 사람은 일에 매이지 않고 경제적으로 풍요로운 사회. 많은 사람이 걱정하는 것처럼 인공지능 회사가 큰 이익을 내고 많은 직업이 사라지는 세상이다. 특히 나중의 경우는 인공지능 회사가 큰 이익을 내지만 세금은 지금보다 크게 더 많이 내지 않아 복지도 크게 늘지 않을 것이다. 아무래도 이 가정으로 인생을 준비하는 것이 안전할 것이다.

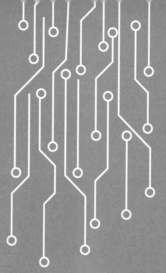

# 기회를
# 어떻게
# 잡을 것인가?

# 포장지가
# 너무 커진 인공지능

인공지능은 기술적인 영역으로 기술에 대한 전문성이 없다면 미지의 대상이다. 상대를 정확하게 모르는데 그 상대가 나의 일자리를 공격할 수 있다고 생각하니 두려움까지 느껴진다. 그러나 이 두려움은 사람들의 관심을 유도하기 좋은 소재이다. 언론이 인공지능에 대한 위험성을 알리면서 특히 일거리가 줄어들 수 있다는 경고는 과대 포장된 측면이 있다. 아마도 조회수에 도움이 되기 때문일 것이다. 언론에서 인공지능이 마치 모든 것을 할 수 있는 만능 기술인 것처럼 설명하고 있지만 사실이 아니다.

현재 인공지능은 상당 부분 과장되어 언론을 통해 대중에게 전달되고 있다. 조만간 영화에서 나오는 것처럼 인공지능이 사람처럼 모든 일을 다할 수 있으며 사람을 능가할 수 있을 것처럼 이야기하는 경우가 많지만 그러기 위해서는 많은 시간이 필요하다. 빌조이, 스티브 호킹이 경고하는 것처럼 인간이 가축화될 수 있다는 주장도 아주 먼 미래의 일이며 궁극적으로 인공지능의 문제점에 대해서 알아야 한다는 의도로 보는 것이 합당하다.

인공지능은 약한 인공지능과 강한 인공지능으로 구분되는데 약한 인공지능은 지금 이제 막 꽃 피우는 인공지능으로 알파고처럼 특정 영역에서만 작동한다. 강한 인공지능은 인간처럼 모든 영역에서 지능을 가지는 것인데 이것을 경계하고 두려워하는 것은 일정 부분 맞는 말이다. 하지만 아직 모든 분야에서 인간처럼 고차원적인 생각을 할 수 있는 인공지능은 아직 없을 뿐더러 기술적 가능성도 입증된 것이 없기에 가까운 미래에는 불가능하다. 지금의 인공지능은 최근 몇 년 사이에 과거와 비교할 수 없을 정도로 크게 발달했다. 그래서 일자리를 빼앗을 수 있다는 우려감이 과거에 비해 커진 것도 사실이다. 그러나 과거에 불가능하다고 생각한 것이 이제 가능하게 된 것이 많아진 것이지 인공지능이 모든 것을 할 수 있는 것은 아니다.

인공지능 컴퓨터가 직업을 빼앗을 수 있다는 우려는 오래전부터 있었다. 당장이라도 사람과 유사할 정도의 일을 수행할 수 있을 것이라는 걱정은 컴퓨터나 인터넷이 보급되기 이전부터 생겼다. 마이크로소프트와 애플이 생긴 것이 1970년대이다. 인공지능은 1956년부터 시작되었는데 이때 군대 등 특수한 기관에서만 사용하고 있었으며 방 한 칸을 모두 채울 정도로 기계가 컸다. 그 성능은 전자계산기 수준을 살짝 벗어난 수준으로 컴퓨터라고 말하기도 민망한 수준이었다.

인공지능은 존 맥카시가 사람의 두뇌를 흉내 내는 컴퓨터를 연구하면서 만든 학회에서 처음 생긴 용어이다. 바로 이 학회에 열심히 참여했던 멤버 중 한 명이 당시 최고의 컴퓨터 회사였던 IBM의 대표 과학자 나다니엘 로체스터(Nathaniel Rochester)였다. 그는 이 학회에 참석하면서 컴퓨터가 체스를 둘 수 있는지를 연구했다.

1997년 인공지능 컴퓨터 딥플루가 세계 챔피언을 이기기 전까지 인공지능 연구가 체스에 집중된 이유도 이 때문이다. 지금은 체스보다 더 어려운 바둑도 어렵지 않게 해낼 수 있고, 인간을 이길 수 있는 수준이 되었지만 당시는 인공지능이라고 보기 어려운 기초적인 프로그램만 가능한 시대였다. 그러나 그때부터 이미 인공지능에 대한 공포심도 생겼는데 이해도 가는 것이 전자계산기 수준의 컴퓨터를 가지고 달나라에 사람을 보내는 이해할 수 없는 퍼포먼스를 보여주던 시기였기 때문에 그 공포감은 어느 정도 과학적인 접근이기도 했다. 그래서 당시에 이미 다른 기업은 일자리를 대체할 수 있는 IBM 컴퓨터를 구매하지 않겠다는 움직임이 일어났고, IBM 영원사업은 더 이상 영업을 할 수 없다고 연구팀에 항의를 하는 사태까지 이르렀다. 결국 IBM은 연구팀을 해체시켰으며 앞으로 IBM 컴퓨터는 인간이 시키는 일만 하는 방향으로 개발하겠다는 각서를 쓰고 고객사를 설득해 영업을 지속했다. 하지만 IBM은 몰래 인공지능을 개발해 인공지능 슈퍼컴퓨터인 왓슨을 만들어 인공지능 산업을 이끌고 있다.

과거 IBM의 인공지능을 보고 과도한 우려를 하는 것은 지금도 마찬가지다. 새로운 인공지능 기술이 개발되었다는 소식이 들리면 어느새 언론은 당장이라도 인공지능이 사람의 일자리를 빼앗을 것처럼 기사를 쓴다. 그러나 아직은 인공지능이 인간이 할 수 있는 수많은 능력 중 대부분 영역에서 1%도 인간의 능력만큼 일을 못한다. 물론 영원히 인공지능이 사람이 하는 업무보다 부족하다고는 말할 수 없다. 기술의 발전은 누구도 알 수 없기에 미래에는 인공지능이 인간처럼 많은 일을 할 수도 있다.

여기서 중요한 것은 지금 내가 하고 있는 일이 빅데이터를 통해 소프트웨어로 체계화하기 쉬운 영역인지 아닌지가 중요하다. 예를 들어, 고객이 자주 묻는 질문에 대한 답변 같은 것은 인공지능이 비교적 잘 할 수 있는 분야이다. 만약 자신의 일이 고객 상담을 하는 일이라면, 다른 업무로 이직을 준비하고 있어야 한다. 하지만 IPTV 설치 같은 업무는 인공지능의 발달, 더 나아가 로봇이 발달된다고 해도 인간을 빠른 시간 내에 대체하기 어렵다. 물론 언젠가는 인간을 대체할 수 있지만 그 시기가 소나기처럼 하루 아침에 오는 것이 아니기 때문에 주의의 온도를 유심히 살펴본다면 충분히 대응할 수 있을 것이다. 인공지능 시대에서 중요한 것은 얼마나 대응할 수 있는가 여부이다.

과대 포장되어 있는 인공지능을 이야기하기 전에 인공지능 원리에 대해서 간단하게 알아보자. 인공지능을 이야기할 때 가장 많이 이야기하는 예시는 고양이와 강아지를 구분하는 기술이다. 고양이와 강아지를 구분하는 것이 그렇게 대단한 것인가라는 생각을 하기 쉽다. 사람에게는 너무 쉬운 일이지만 기계에게는 대단한 일이다. 책상과 의자 같은 것을 구분하는 것은 과거에도 충분히 가능했다. 그런데 고양이와 강아지는 다르다. 고양이가 어떻게 생겼는지 정의하기가 사실 매우 어렵기 때문이다. 귀가 쫑긋하고 다리가 4개이며, 눈이 크고, 얼굴형이 갸름하다 등으로 정의할 수 있는데, 그렇게 생긴 강아지도 있고, 얼굴형이 갸름하지 않은 고양이도 있을 수 있다. 다리는 4개이지만 앉아 있는 경우 다리가 안 보일수도 있다. 강아지는 또 어떤가? 덩치가 작은 것은 컵 안에 들어갈 정도로 작지만, 큰 개는 늑대만한 것까지 변수가 많다. 색은 종류를 다 헤아릴 수 없을 정도로 다양하다. 그래서 기계에게 고양이는 어떻게 생겼고, 강아지는 어떻게 생겼는지를 설명하기가 어렵다.

과거에는 비슷하게 생긴 케이크를 강아지라고 인식하는 경우도 매우 많았다. 하지만 고양이와 강아지를 구분해 크게 주목받은 기술이 '머신러닝(Machine Learning)'이며 구체적으로 머신러닝 중 '딥러닝(Deep Learning)'이다. 인공지능은 여러 가지 기법이 있지만 요즘 인공지능의 붐을 만들며 대명사처럼 쓰이는 기술은 딥러닝이다.

머신러닝을 종류별로 나누면 지도학습, 비지도학습, 강화학습으로 나눌 수 있다. 기법은 모두 다르지만 공통점으로는 기존 소프트웨어는 사람이 사소한 것 하나까지 모든 것을 정의해주었지만 머신러닝은 사람이 정의해주는 것이 아니라 데이터를 입력하면 기계가 정의한다는 특성이 있다. 특히 딥러닝은 스스로 수학적인 모델을 조정하면서 인간처럼 문제를 인식해 개념화, 추상화를 할 수 있는 큰 특징이 있다.

인간이 정한 기준을 따르지 않고 출력값을 살펴보고 출력값이 틀릴 경우 입력 가중치의 오류를 조금씩 수정하면서 스스로 학습한다. 딥러닝은 크게 입력층과 출력층이 있고 사이에 은닉층이 있다. 입력층을 통해 은닉층에 전달되고, 여러 은닉층을 거친 후 출력층에 전달이 된다. 출력층의 값과 목표값을 비교해 차이를 감소시키는 방식으로 연결 강도를 조정한다. 그러다가 출력층과 목표값이 오차범위 내에 들어올 경우 학습을 멈추게 된다. 하지만 이 과정을 몇 번 해서 되는 것이 아니다.

어떤 것을 인공지능으로 해결하려고 하는지에 따라 다르지만 고양이와 강아지를 구분하는 것처럼 간단해 보이는 것도 최소 10만 건 정도의 데이터가 있어야 가능하다. 그것도 강아지와 고양이만 있는 사진으로 깔끔하게 정리되어 있어야 한다. 인공지능을 이용하면 모든 것을 쉽게 해결 가능할 것처럼 언론은 이야기하지만 결코 그러하지 않다. 10만 건 정도의 데이터를 확보하는 것도 쉽지 않지만, 확보해도 데이터 정제 작업에 많은 시간을 소모해야 하고, 그렇게 작업했음에도 불구하고 결과가 만족스럽지 않은 경우가 대부분이다. 이런 인공지능의 기술적 한계를 극복하기 위해 여러 기술이 새롭게 연구되고 있다.

첫째 '전이학습'이다. '소프트볼'을 할 줄 아는 로봇을 개발하려고 했으나 소프트볼에 대한 데이터를 구하기가 힘들어 대체할 수 있는 '야구' 데이터를 가지고 보정해가면서 학습시키는 방법이다. 또한 데이터의 양이 적어도 데이터 간의 관계를 파악해 정답을 찾아내는 '제로샷 학습' 등이 있다. 전이학습과 제로샷 학습 모두 아직 발전해야 할 부분이 많으며 실험실에서조차 제대로 된 결과가 안 나오는 경우가 많아서 상업적 제품에 응용하기는 넘어야 할 산이 많다.

인간은 하나를 배우면 열을 알지는 못해도 비슷한 것은 대부분 할 수 있다. 산악자전거를 탈 수 있으면 로드 자전거도 몇 번 시도하다 보면 탈 수 있게 된다. 하지만 인공지능은 다르다. 전이학습은 아직 이론적인 가능성이며 실제로는 쉽지 않다. 즉 비슷해 보이는 것도 조금만 달라지면 다시 처음부터 수많은 데이터를 통해 다시 학습해야 한다. 그렇다고 인공지능이 데이터가 없으면 아무것도 못하는 것은 아니다. 머신러닝이지만 데이터가 없어도 성과를 내고 있는 분야가 있다. 스스로 데이터를 만들어내며 학습을 해 빠르게 발전하고 있는 분야가 바로 강화학습이다.

이세돌과 싸운 '알파고'보다 더 업그레이드 된 '알파고 제로'에서 사용한 기술이다. 우리가 자전거를 배우는 과정과 비슷하다. 자전거를 배울 때 책으로 배우는 경우는 없다. 왼쪽으로 쓰러질 것 같으면 오른쪽으로 핸들을 돌리고, 오른쪽으로 쓰러지면 왼쪽으로 돌린다는 내용의 책을 독파한 후 자전거를 배우는 사람은 없다. 그냥 단순 무식하게 수십 번, 수백 번 넘어지면서 배우는 것이다. 동일한 방식으로 학습시키는 것이 강화학습이다. 매번 조금씩 핸들을 다르게 돌리는 것이다. 그러면서 잘했을 경우 점수를 더 주고, 그렇지 않을 경우 점수를 빼는 것이다. 이런 과정을 수백만 번, 수천만 번 하다 보면 어느 순간 원하는 목적을 달성하게 된다.

사람은 수천만 번을 시도하면 '세상에 이런 일이'에 나올 수 있지만, 기계는 전기만 넣어주면 계속 움직일 수 있기에 어렵지 않은 방법이다. 이런 과정을 통해 로봇이 걷거나 물건을 잡는 등의 행동을 할 수 있다. 하지만 강화학습도 아직은 초기 단계여서 이런 방법을 통해 할 수 있는 것이 많지는 않다. 그러나 조금씩 할 수 있는 것이 늘어나고 있다.

현재 인공지능은 모든 것을 잘하는 것처럼 보이지만 사실 대부분 예측과 분류를 응용하는 것이다. 데이터를 기반으로 하기 때문에 데이터를 분류하는 일이나, 데이터를 기반으로 한 예측에 특화되어 있다. 예측 기법은 몇 가지가 있는데 대표적인 기술로는 회귀 분석이 있다. 수학적 함수를 이용해 선을 그려서 경향성을 분석하는 방법이다. 분류 기법으로는 나이브 베이즈(Naïve Bayes)분류가 대표적이다.

1950년대부터 자주 사용되었을 정도로 오래된 기술이다. 순진하다는 나이브 단어처럼 알고리즘이 간단해 구현하기가 쉽고, 비교적 적은 데이터만으로도 구현이 가능하다. 그럼에도 불구하고 실무에서는 현대적이며 복잡한 다른 알고리즘을 뛰어넘어 정확하게 분류해주는 경우가 많아 아직도 스팸 필터 등에서 자주 사용한다. 그 외에도 분류 기법은 K-최근접이웃

(K-nearest neighbors), 서포트 백터 머신(support vector machine), 의

사결정나무(decision tree) 등이 있으며, 딥러닝도 여기에 해당된다.

# 인공지능이 하기
# 힘든 일은 어떤 것이 있나?

딥러닝은 언론에서도 많이 다루었기 때문에 내용을 잘 몰라도 이름이 익숙한 사람이 많을 것이다. 딥러닝을 통해 인공지능이 과거에 비해 크게 발전되었다. 하지만 많은 사람이 생각하는 것처럼 모든 것을 잘할 수 있는 것이 아니며 아직 못하는 것이 훨씬 많다. 또한 앞으로 할 수 있다는 가능성도 보여주지 못한 분야도 있다. 데이터를 기반으로 하지 않는, 데이터화하기 쉽지 않은 일은 앞으로도 인공지능이 사람처럼 잘하기 쉽지 않다. 대표적으로 창의적인 일, 융통성이 필요한 일, 감성적인 일, 몸을 써야 하는 일 등은 적어도 몇십 년 동안은 인간이 잘할 가능성이 높다. 기존에 직업은 머리를 쓰는 일과 몸을 쓰는 일, 전문적인 일과 일반적인 일로 나누었다. 그리고 대체적으로 머리를 쓰는 일이 몸을 쓰는 일보다, 전문적인 일이 일반적인 일보다 중요한 일로 생각되기 쉬웠다. 하지만 인공지능 시대에는 이런 위상이 거꾸로 될 가능성이 높다. 머리를 쓰는 일은 대부분 컴퓨터 앞에 앉아서 일을 하기 때문에 디지털화되기 쉽다. 그렇기에 몸을 쓰는 일보다 인공지능으로 대체될 가능성이 높다. 또한 전문적인 일과 일반적인 일 중에서 전문적인 일이 일반적인 일보다 인공지능으로 대체될 가능성이 높다. 인공지능 소프트웨어는 가격이 비싸기 때문에 기업 시장 위주로 시장이 형성될 수밖에 없다. 인공지능 소프트웨어나 로봇을 구매하는 기업 입장에서는 인건비가 높은 전문직의 업무를 인공지능으로 교체하는 것이 훨씬 이득이다.

아르바이트나 평범한 사람도 쉽게 할 수 있는 일은 어차피 인건비 부담이 크게 없기 때문에 굳이 인공지능 소프트웨어나 로봇을 구매할 이유가 없다. 이것을 잘 알고 있는 인공지능 개발자도 일반적인 일보다는 전문적인 일부터 인공지능 소프트웨어와 로봇을 개발할 수밖에 없다.

이는 전문적인 직업이 그렇지 않은 일에 비해 인공지능에 의해 대체될 가능성이 높다는 뜻이기도 하다. 실제로 인공지능으로 대체하려고 하는 직업을 보면 머리를 쓰는 일이면서, 전문적인 일인 경우가 많다. 인공지능 의사 '왓슨', 인공지능 변호사 '로스', 인공지능 금융전문가 '켄쇼' 등이 대표적이다. 업무 속성으로 보았을 때 자신의 업무가 인공지능에 의해 대체될 수 있는 가능성이 얼마나 있는지를 판단할 수 있는 두 가지가 있다.

첫째는 반복성이다. '딥러닝'은 수많은 데이터를 가지고 소프트웨어를 학습시켜야 하기 때문에 정형성이 중요하다. 소프트웨어를 학습시키기 위해서는 이렇게 일을 해야 하고, 이런 경우에는 이렇게 해야 한다고 각각의 경우에 맞게 샘플 데이터를 최소 수십만 건 이상을 가지고 학습시켜야 한다. 정형화되지 않은 업무의 경우 그럴 수가 없기에 인공지능이 대체하기 어렵다. 이런 특성으로 인해 데이터를 많이 확보하기 힘든 업무는 인공지능으로 대체할 수 있는 가능성이 낮다. 예를 들어 데이터를 확보하기 쉬운 핸드폰을 수리하는 일은 인공지능 로봇이 빠르게 습득할 수 있을 것으로 보이지만, 똑같은 수리 일이라고 해도 보일러 수리 등은 데이터가 많지 않아 인공지능 로봇이 사람을 대신하려면 시간이 많이 걸릴 것이다.

친화력(sociability)도 중요한 요소이다. AI 미래에 대한 전략으로 유명한 옥스퍼드대학교에서 낸 보고서를 보면, 인공지능 시대에도 사라지기 힘든 직업으로 초등학교 선생님이 22위로 올랐다. 하지만 대학교수는 순위 안에 없다. 대학교수의 업무가 더 전문적이고 많은 지식이 필요할 수 있지만 그 지식은 인공지능이 쉽게 따라잡을 수 있다. 대학교수는 상대적으로 친화력 능력이 전체 능력에서 비중이 크지 않다. 성인이기 때문에 도덕과 사교성 같은 인간적인 능력을 보호하고 가르치는데 상대적으로 중요성이 덜하다. 하지만 초등학생은 그렇지 않다. 초등학생에게 도덕이나 사교성을 인공지능 로봇이나 소프트웨어가 가르치는 것은 한계가 있다. 기술적으로는 충분히 가능하지만 받아들이는 사람이 로봇이 교육하는 도덕과 사교성을 교감하며 받아들이기 쉽지 않기 때문이다.

# 인공지능은 생각보다 한계가 많다

인공지능이 정말로 인간과 같은 지능이 되기 위해서는 아직도 알아야 할 일이 너무 많다. 대표적으로 필요한 능력이 바로 예측할 수 있는 능력이다. 인공지능의 주요 능력 중에 하나가 빅데이터 분석을 통한 예측 능력인데, 인공지능이 예측 능력이 떨어진다고 하니 무슨 뜻인가라고 생각할 수 있을 것이다.

인공지능의 숫자와 연계된 예측 능력은 지금도 사람 이상의 예측 능력을 가지고 있다. 켄쇼처럼 전 세계의 주식, 경제 정보를 분석해 앞으로의 경제 전망을 예측하는 일은 이미 사람의 수준을 넘었다. 하지만 아직 인공지능은 유치원생도 할 수 있는 일상생활 속 다양한 예측을 하지 못한다.

예를 들어, 어떤 사람이 컴퓨터 앞에 앉는다는 것은 무엇을 뜻할까? 어린아이도 컴퓨터의 전원을 누르고 키보드와 마우스에 손을 올릴 것이라는 것을 어렵지 않게 생각할 수 있다. 누군가 "아이고 더워라."라고 이야기하면 무슨 뜻일까? 주위 사람에게 온도를 단순히 알려주려는 것이 아니라 에어컨이나 선풍기가 필요하다는 의미가 될 것이다. 더 나아가 소개팅에서 여자가 자주 시계를 본다는 것은 몇 시인지 궁금해서도 아닐 것이다. 또 소개팅 후 여자에게 "집에 잘 들어갔으면 연락주세요."라고 했는데 다음 날까지 연락이 없다고 그녀가 노숙을 하고 있다고 생각하지는 않을 것이다.

길에서 우연히 오랜만에 만난 친구에게 "언제 우리 밥이나 한번 먹자."라고 말하면 '너를 보니 배가 고프다.'라는 뜻이 아니고 자기가 가던 길을 서둘러 갈 것이라는 뜻이다. 하지만 이런 쉬워 보이는 예측도 인공지능은 배우기 매우 어려워하며 앞으로도 갈 길이 멀다. 기계에서 학습시킬 자연스러운 데이터를 최소 수십 만 개 이상 확보하기도 쉽지 않으며 일상생활에서 발생할 수 있는 이런 다양한 상황을 데이터화시키는 것도 쉽지 않기 때문이다. 물론 이를 극복하는 도전은 여러 곳에서 시도 중이다.

필라델피아에 있는 펜실베이나대학교의 연구원들은 에고넷(egonet)이라는 프로젝트를 진행하고 있다. 지원자는 평상시 머리에 작은 액션캠을 달고 생활을 하고, 스스로 찍은 영상에 자신이 어떤 일을 하려고 했던 것인지, 어떤 상황인지 등을 주요 장면마다 설명을 달아주고 있다. 매우 고단하고 지루한 작업일 것이다. 연구원은 이런 데이터를 모아 인공지능을 학습시킨다.

쇼핑몰뿐만 아니라 인공지능 기술로도 유명한 아마존에서 운영하는 메커니컬 터크(Mechanical Turk)가 이런 일을 하고 있다. 원래는 클라우드 소싱 사이트로 시작했으나 요즘에는 주로 인공지능과 관련된 클라우드 소싱을 해주고 있다. 기업이 인공지능을 개발하기 위해서 수많은 사진, 동영상, 글이 필요할 때 메커니컬 터크에 의뢰를 하면 회원으로 등록한 사람에게 연락을 해 관련된 자료를 받아준다. 데이터 라벨링도 주요 업무이다. 수많은 데이터에서 각각의 이미지나 동영상에 이것이 어떤 상황, 어떤 물체라고 하나 하나 태그를 달아주어 인공지능 학습에 도움을 준다. 그 외 인공지능과 관련된 의견 등도 취합한다.

예를 들어, 인간은 길을 가다가 앞에 수레를 끌고 있는 할머니가 나오면, 밀어주는 것이 좋다고 당연히 생각하지만, 인공지능은 위험한 할머니가 위험한 물체를 밀고 있다고 판단해 피해야 한다고 생각한다. 일반적으로 큰 물체가 움직이면 피해야 한다고 학습되었기 때문이다. 다양한 사진이나 영상을 보여주고 이런 경우 다음에 어떤 행동을 하면 좋은지 메커니컬 터크 회원에게 답을 구할 수 있다. 인간의 상식에 대해서도 질문과 답변이 필요한 경우는 수없이 많다. 특정 질문 외에도 좀 더 난이도가 높은 복합 질문도 있다.

머커니컬 터크를 이용해 데이터를 모으기 위해서는 당연히 비용을 줘야 하는데 간단한 것은 5원이지만 비싼 것은 2만 원까지 다양하다. 간단한 5원은 크지 않은 금액이라고 생각할 수 있지만 데이터 학습을 위해 1,000만 개의 데이터가 필요하다고 하면 5,000만 원이다. 그러나 대부분 인공지능 학습을 시키면 처음에는 예상 외의 결과가 대부분이다. 그렇기 때문에 아직 데이터를 통해 인공지능을 학습시키는 것은 대부분의 기업에게는 쉽지 않다.

구글, 페이스북, 네이버 같은 회사는 데이터가 일반 기업과는 비교가 안 될 정도로 많다. 또한 레이블 비용이 들지 않는다는 장점이 있다. 우리가 페이스북에 사진을 찍어 올리면서 '제주도 여행', '강아지', '이순신', '드림 카' 등의 태그를 달아서 올리는데 페이스북은 이 사진과 태그를 이용해서 거의 공짜로 인공지능을 학습을 시킬 수 있다. 네이버와 구글 역시도 동영상 사이트, 카페, 블로그 등에서 수많은 글과 사진이 올라오기 때문에 이 자료와 태그를 활용해 학습할 수 있다. 인공지능의 대표적인 서비스 중에 하나는 국내에도 잘 알려진 IBM에서 슈퍼컴퓨터를 활용해 만든 인공지능 컴퓨터 왓슨이 있다.

왓슨은 퀴즈쇼, 스포츠 등 다양한 프로젝트가 진행 중이지만 국내를 포함해 세계적으로 관심받은 프로젝트는 병원에서 암 진단을 도와주는 서비스이다. 그래서 왓슨을 암 진단 인공지능 소프트웨어라고 잘못 알고 있는 사람도 많다.

국내에서는 길병원에서 도입해 언론에서도 크게 보도된 후 부산대병원 등이 연이어 도입했다. 당장이라도 인간보다 더 정확하게 진단을 해 의사의 자리를 위협할 것처럼 언론에 여러 번 소개되었지만 예상보다 발전 속도가 느려 고전하는 것으로 알려지고 있다.

암을 진단하기 위해서는 논문에 맞는 나이, 성별, 질환 등의 수많은 데이터가 필요한데 그런 데이터를 구하기 쉽지 않기 때문이다. 특히, 일반적으로 많이 걸리는 암은 지금도 사람이 판단을 잘하고 대처할 수 있기 때문에 기대만큼 큰 의미가 없다. 의사가 평상시 잘 보지 못하는 특이한 암을 판단하기를 원하고 있으나 그런 데이터는 더욱 구하기 어렵기 때문에 아직은 가야 할 길이 멀다는 이야기다. 이처럼 인공지능이 발전하기 위해서는 아직 넘어야 할 산이 많다.

IBM도 데이터 부족을 가장 큰 어려움으로 느낄 정도이다. 그래서 대부분의 회사는 인공지능 개발에 참여하기 어려우며 구글, 아마존, 페이스북, 네이버 같은 기업에서 개발 후 공개하는 기술을 활용하는 흐름으로 갈 가능성이 높다. 인공지능 기술은 구글, 페이스북, 네이버 같은 회사가 주도할 수밖에 없기에 범용적으로 많이 사용하는 기술 외에는 발전의 시간이 많이 걸릴 수밖에 없다. 이들이 개발할 수 있는 인공지능 기술은 전 국민이 모두 이용한 '인공지능 스피커'가 대표적일 것이다. 하지만 그렇지 않은 대부분의 업무 관련 일은 구글, 네이버, 페이스북의 인공지능이 학습하기 어렵다. 또한 수많은 데이터를 분석해야 한다는 특성 때문에 인공지능은 실시간성이 매우 떨어질 수밖에 없다.

인공지능으로 세상은 빠르게 변하지만 역설적으로 인공지능은 변화의 속도에 느리다. 수많은 데이터를 가지고 분석을 해야 하기 때문에 결과에 영향을 줄 수 있을 정도로 충분한 데이터가 모아져야 한다. 그래야 변화에 대응할 수 있다. 변화를 이끌어야 하거나 변화에 대응해야 하는 분야에서는 인공지능의 한계가 있을 수밖에 없다.

# 인공지능이 사람의 지능을
# 갖기 어려운 이유

인공지능에게 알려주기 가장 어려운 일 중에 하나가 '상식'이다. 상식은 크게 두 가지로 나눌 수 있다. 책이나 학교에서 배운 상식이 있고, 이 범주에서 벗어나는 상식이 있다. 전자는 이미 관련 데이터가 수없이 많기도 하고 텍스트로 되어 있어 학습하기 어렵지 않다. 이미 인공지능 스피커에게 학교에서 배운 상식을 물어보면 답변을 잘한다. 하지만 대학교에서 경제학을 전공한 사람이 스마트폰 앱으로 송금도 제대로 하지 못하면 농담으로 "경제학과 나와서 은행 거래도 못하냐."라고 우스갯소리를 한다. 그럼 "경제학과 수업 시간에 그런 거 안 배우거든요."라고 대답을 하게 되면 "안 배웠어도 그건 상식이지."라고 마무리할 수 있다. 바로 인공지능에게 가르치기 어려운 것이

지금 말한 상식이다.

학교에서 배우지 않아도 알아야 할 수많은 상식이 있다. 상식은 살아가면서 자연스럽게 배우게 된다. '누군가 큰 목소리를 내면 화가 난 것이기 때문에 싸우기 싫으면 즉시 대응하지 않는 것이 낫다.'라던지 길에서 똥을 보면 피해야 한다든지, 남의 집 개에게 돌을 던지면 안 된다는 등 수많은 상식이 있다. 상식이라는 것은 누군가 딱 가르쳐주는 것도 아니고 법률처럼 어디에 정의가 되어 있는 것도 아니다. 또한 학문처럼 보편적 정의가 있어 모든 사람이 동의하는 것도 아니다. 그럼에도 불구하고 상식은 사회생활을 하는 데 매우 중요한 요소이다.

예를 들어, 회사에 어떤 직원이 부모님을 모시고 와서 자신이 일하는 모습을 지켜보게 했다고 생각해보자. 열심히 공부해 취직한 후 열심히 일하는 모습을 보여드리고 싶은 선한 마음으로 해석할 수도 있다. 이는 부모님을 모시고 오면 안 된다는 회사 규정이 있을 리 없기에 회사 규정을 어긴 것도 아니다. 그런데 이러한 사람이 있을까? 선한 목적이며 회사 규정을 어긴 것은 아니지만 자유롭게 행동해도 된다는 뜻은 아닐 것이다. 상식적이라면 누가 말하지 않아도 그런 계획이 있다면 동료에게 사전 양해를 구하고, 필요하다면 회사에 문의 후 허락을 받은 후 부모님을 모시고 오는 것이 당연할 것이다. 이런 모든 것을 정의 내릴 수 없기 때문에 인공지능을 업무에 학습시키는 것은 매우 어려운 일이다.

이를 극복하기 위해 일부 인공지능 회사는 온라인 소설 사이트와 제휴를 통해 인공지능에게 인간 사이에서 일어나는 다양한 상식을 훈련시키고 있다. 소설이 인간관계에서 일어나는 다양한 케이스를 내밀하게 글로 묘사하고 있기 때문이다. 하지만 아무리 소설이라고 해도 인간관계에서 일어나는 수많은 사건과 미묘한 상황을 모두 분석하기란 턱없이 부족한 데이터일 것이다. 또한 소설의 지나친 극적 요소가 문제점으로 지적된다. 소설에서는 사무실에서 남녀가 처음에는 자주 싸우지만 결국 사랑에 빠지는 경우가 많으며, 부모님이 안 계시거나 밥도 제대로 못 먹는 가난한 집에서 자란 사람이 노력을 통해 크게 성공하는 일이 나온다. 그러나 정작 현실에서 그런 일은 거의 일어나지 않는다. 이런 이유 때문에 인공지능에게 소설을 통해 상식을 가르치는 일도 생각만큼 쉽지 않다.

1956년에 인공지능이라는 용어가 이미 등장했을 정도로 오래된 개념이기 때문에 상식을 인공지능에게 가르치겠다는 생각과 노력은 오래 되었다. 대표적으로 1984년 미국의 MCC라는 업체를 중심으로 결정된 연구개발 컨소시엄으로 시작된 CYC가 있다. AMD, DEC와 같은 글로벌 기업이 참여했으며, 마이크로소프트, 보잉 같은 기업이 뒤따라 참여를 시작해 컨소

시엄은 규모를 크게 늘리며 주목을 받았다.

CYC는 쉽게 정의하면 컴퓨터에 상식을 가르쳐주는 프로젝트로 인공지능의 선구자적인 프로젝트였다. CYC는 '고양이는 털이 많다', '나무는 움직이지 못한다', '개는 네발로 걷는다', '사람은 날 수 없다', '남의 집 아이를 때리면 애는 울고, 엄마는 화를 낸다.' 등 수많은 상식을 정리하는 프로젝트였다. 그러나 CYC 프로젝트는 시대를 너무 앞선 프로젝트였다. 아직도 홈페이지가 존재하고 있어 최소한의 활동은 하는 것으로 보이지만 사실상 거의 활동이 없는 것으로 알려졌다.

큰 회사들이 뛰어들어 당장이라도 인공지능 영역에서 성과가 나올 줄 알았지만 사업적으로 유의미한 결과를 내지 못하면서 조직이 크게 줄었다. CYC 프로젝트가 성공했으면 인공지능에게 상식을 가르치는 일이 지금보다 쉽지 않았을까 한다.

인공지능이 업무를 제대로 하기 위해서는 상식 외에도 절차적 지식을 알아야 한다. 우리가 자전거 타이어 튜브가 터졌을 때 대처하는 방법을 다른 사람에게 가르친다고 생각해보자.

첫째, 손으로 타이어의 탄력이 충분한지 눌러본다.

둘째, 공기가 충분하지 않다면 타이어 주걱을 타이어 사이에 넣고 최대 힘으로 밀어주면서 안에 있는 튜브를 뺀다.

셋째, 타이어를 돌리면서 뾰족한 돌이나 철 등이 박혀 있는지 살펴본다.

넷째, 박혀 있는 것이 있다면 제거 후 깨끗하게 물로 씻는다.

다섯째, 타이어를 정리하면서 그 사이에 튜브를 집어 넣는다.

여섯째, 타이어에 펌프를 이용해 바람을 넣는다.

위와 같이 여섯 가지 프로세스로 구분할 수 있다. 하지만 자전거 튜브를 한 번도 갈아보지 않은 사람에게 이 프로세스를 알려준다고 그 사람이 자전거 튜브를 쉽게 교체할 수 있을까? 쉬워 보일 수 있지만 막상 하려고 하면 어렵다. 하지만 인공지능은 시도조차 못한다.

타이어를 교체하는 방법을 인공지능에게 시키기 위해서는 크게 세 가지 방법이 있다. 사람이 정확하게 모든 것을 정의해 주는 것이다. 튜브를 갈기 위해서 각각의 각도와 힘을 모두 정의하는 것이다. 하지만 타이어의 종류도 수없이 많고, 상태도 다르기 때문에 이것을 정의한다는 것은 불가능하다. 또 다른 방법은 요즘 많이 시도하는 것으로 앞에서 설명한 강화학습이다. 하지만 현재의 강화학습은 수없이 넘어지면서 조금씩 걷는 수준이지 자전거 튜브를 교체할 만큼 복잡한 수준은 불가능하다. 현재 인공지능에게 자전거 타이어를 교체하는 것처럼 절차적 지식을 가르치는 것은 매우 어렵다. 하지만 이런 것을 극복하기 위한 가능성을 가진 사이트가 있다.

위키하우(wikihow.com)는 위키피디아처럼 전 세계 사람들이 '~하는 법'에 대해 정리하고 있다. 위키피디아와 다르게 특성상 이미지가 필요한 경우가 많다. 사람들이 많이 찾는 게시물의 경우 예쁜 일러스트 이미지로 그려 놓는 경우가 많다. 그래서 아직 정보는 위키피디아에 비해 많이 부족하다. 인공지능을 위한 자료나 설명이 부족하지만 현재 가장 앞선 사이트라고 할 수 있다.

인공지능 연구의 선두 회사인 구글과 페이스북의 사례를 보면 인공지능의 현주소를 짐작할 수 있다. 2016년 구글은 로봇이 물건을 잡게 하기 위해 인공지능 기술로 학습시켰다. 카메라를 통해 물건을 분석 후 물건을 잡기 위해 손가락의 움직임과 강도를 조금씩 다르게 하면서 총 80만 번이나 시행착오를 겪었다. 그러자 조금씩 잡기 시작하는 물건이 생겼다.

이처럼 사람에게는 쉬운 일이지만 인공지능에게는 대단히 어려운 일이 많다. 공장처럼 정해진 공간에서 정해진 동작만 계속 반복하는 것은 어렵지 않으나 일상생활은 카오스의 세상이기 때문에 인공지능이 스스로 처리할 수 있는 일이 거의 없다.

구글 같은 기업이 로봇을 일상생활에서 활용하기 위해서 연구를 많이 하고 있는 것이 사실이고 데이터가 쌓이면 쌓일수록 로봇이 할 수 있는 일이 많아질 것으로 보이지만 다양한 분야에서 활용되기에는 아직도 한계가 많다.

예를 들어, 인공지능 로봇이 꼭 필요한 분야는 화재와 인명 구조이다. 지금은 소방관들이 목숨을 담보로 일을 하고 있지만 인공지능 로봇이 일을 할 경우 이런 위험에서부터 벗어날 수 있다.

우리나라도 이 분야에 관심이 많아 노력을 많이 하고 있고 이미 2015년 미국 국방성이 후쿠시마 원전사고를 계기로 개최한 재난 로봇 경진대회인 '다르파 로보틱스 챌린지(DARPA Robotics Challenge)' 세계대회에서 카이스트가 우승도 하는 등 나름 실력과 기술을 인정받았다. 그러나 현장에서는 사용을 못하고 있다. 현장에 배치했으나 움직임이 너무 느리고 제대로 대처하지 못해 소방서에서 그냥 공간만 점유하고 있는 것으로 알려져 있다. 이처럼 현실에서 인공지능 로봇이 활약할 수 있게 되는 일은 예상하는 것보다 훨씬 어려운 일이다.

# 사람이 인공지능을
# 이길 수 있을까?

인공지능이 해내기 어려운 일 하나 중 하나가 의견을 만들어 사람을 설득하는 것이다. 자기 의견을 말하고 설득하는 것은 단순히 사실을 많이 알고 있다고 잘할 수 있는 것이 아니다. 단순히 사실을 나열하는 것은 당연히 인공지능이 사람과 비교할 수 없을 정도로 잘한다. 양과 질 모두 비교가 안 된다. 그런데 어떤 것을 설득하기 위해서 백과사전을 다 외우고 와서 처음부터 끝까지 읽어주면 그 분야에 대해서 설득이 될까? 5분도 지나지 않아 '그래서 결론이 뭔데?' 혹은 '하고 싶은 이야기가 뭔데?'라고 물어볼 것이다.

사람을 설득하기 위해서는 찬성과 반대되는 주장 중 적당한 것을 취합 후 기승전결에 따라 논리적으로 설득해야 한다. 그런데 인공지능은 아직 수많은 사실을 파악해 자신의 주장을 만드는 것에 약하며 기승전결에 따라 논리를 풀어나가는 힘도 약하다. 의견이 중요한 기업 경영, 정치, 재판 등에서는 한동안 인공지능이 사람을 대체하기 힘들다. 당연히 자신의 의견을 설득시키기 위해서는 사실이 중요하기 때문에 인공지능의 도움을 많이 받겠지만 인공지능 자체가 인간을 대신해 판단하고 설득하기에는 기술력이 부족하다. 설득이 중요한 부분은 인공지능으로 대체할 수 없기 때문에 자신의 업무를 설득 중심 업무로 바꿀 수 있다면 인공지능 시대에 대비하기 위한 전략 중 하나가 될 수 있다.

비슷한 맥락으로 앞으로 관계를 맺는 능력은 인공지능 시대에서 더욱 중요해질 것이다. 인공지능의 발달로 객관적 판단은 인간보다 더 잘하는 세상이 얼마 지나지 않아 올 것이다. 하지만 객관적 판단은 우리가 생각하는 것만큼 중요하지 않다. 머리로는 객관적 판단이 중요하다고 알고 있지만 우리는 대부분 주관적 기준으로 결정한다.

객관적 판단이 주관적 판단보다 우열하여 최대한 주관적 판단을 배제하고 객관적으로 판단해야 한다고 생각하지만 꼭 그렇지 않다. 주관적 판단이 많은 경우 자신에게 좋기 때문이다. 점심시간에 먹을 음식을 고르기 위해 최저 가격, 최고의 영양 등을 따지지 않는다. 참고는 되지만 절대적인 기준은 아니다. 가끔 몸에 안 좋다는 음식을 알고도 먹으며, 가격이 더 비싸도 나에게 직접적 이득이 없는 분위기 좋은 곳을 찾는다. 심지어 오프라인만 그런 것이 아니라 직접적 체감과 무관해 보이는 온라인에서까지도 주관적으로 판단한다. 바로 인공지능이 이해하기 어려운 것이 많다.

인터넷 쇼핑이 처음 등장했을 때만 해도 최저 가격을 파는 온라인 쇼핑 사이트만 살아남을 수 있다고 생각했다. 인터넷의 특성상 체험이란 것이 없기 때문이다. 오프라인처럼 가게 주인의 친절한 미소가 있는 것이 아니고, 식당처럼 차별화된 맛이 있는 것도 아니다. 또한 경험할 수 있는 멋있는 인테리어가 있는 것도 아니기에 중요한 것은 가격이라고 생각했다. 이 생각이 지금도 완전히 틀린 생각은 아니다. 지금도 인터넷은 최저가 경쟁을 하고 있다.

하지만 그 반대의 시장도 크게 성장하고 있다. 가격보다 관계가 중요한 인플루언서 시장이다. 유튜브, 인스타그램, 페이스북에서 자신의 일상이나 자신이 제작한 콘텐츠를 공유하면서 전혀 모르는 대중과 관계를 맺은 후 물건을 파는 방식이다. 이들이 파는 물건이 인터넷에서 최저가는 아니다. 오히려 대부분 평균적인 가격보다 비싸다. 그렇다고 품질이 보증되거나 AS가

확실한 것도 아니다. 대부분 품질과 AS가 보증되지 않은 중소기업 제품이기 때문에 객관적으로 판단했을 때 믿기 어려운 제품인 경우가 많다. 하지만 인플루언서 시장은 이미 주류 시장으로 성장했다.

마른 여자 옷을 주로 파는 인플루언서는 연매출 100억을 넘겼으며, 유명 화장 유튜버도 실시간 방송으로 5분 만에 1억 원이 넘는 화장품 매출을 올렸다. 이들의 상품을 구입하는 이유는 관계의 중요성 때문에 구매를 하는 것이다. 평상시 나에게 자신의 일상을 공유해주고 콘텐츠를 제작하는 사람에게 호감을 느끼고 그 사람이 파는 물건에 호감을 느끼기 때문에 구입한다.


앞으로 인공지능은 수많은 데이터를 분석해 나에게 필요한 다양한 정보와 선택할 수 있는 옵션을 제공하는 방향으로 발전할 것이다. 하지만 이런 기계적 방식은 어느 정도 수준에 이르면 상향 평준화가 되기 때문에 차별화된 가치를 고객에게 제공하는 데는 한계가 있다.

인공지능 시대에 관계는 지금보다도 더 중요한 요소가 될 가능성이 많다. 이런 이유 때문에 유튜브와 SNS 등을 통해 대중과 소통하는 사람의 영향력은 더욱 커질 것이다. 연예인이 자신을 따르는 팬을 이용해 사회적으로 많은 영향력을 행사하며 문화 권력을 만드는 것처럼 인터넷에서 권위와 신뢰를 쌓은 개인이 사회에 새로운 권력이 될 것이다. 특히 이들이 행사하는 권력은 가장 고차원적인 3차 권력이어서 더욱 주목된다.

1차 권력이 폭력과 힘을 통한 권력, 2차 권력이 자본을 통한 권력이며 3차 권력은 존경으로부터 나오는 권력이다. 신뢰와 권위를 통해 획득한 3차 권력은 추종자의 마음 깊은 곳까지 움직일 수 있다는 점에서 피상적인 권력인 1차, 2차 권력과는 차원이 다르다. 이들은 벌써부터 인터넷에서 여론의 향방을 바꾸기도 하고 새로운 이슈를 만들어내기도 한다.

최근에는 개인적으로 활동하던 이들이 조직화하는 경향을 보인다. 공식적인 단체를 만들지 않더라도 정기적인 모임을 통해 지속적인 만남을 유지하고 있으며 공동의 노력으로 사회적 의제를 설정하는 모습도 보인다. 신뢰와 권위를 확보한 이들이 유기적으로 연결될 때 대중을 움직이는 힘을 갖게 될 것이다.

# 인공지능 시대 속
# 일자리의 미래

언론은 일반적으로 인공지능의 발달로 일거리가 줄어들 것으로 예상했지만 전문가들은 그렇지 않을 것이라고 주장한다. 미국의 유명 여론조사 업체인 퓨 리서치가 과학자, 개발자, 기업 임원에게 "인공지능과 로봇이 2025년까지 새로 만들어내는 일자리보다 빼앗는 일자리가 더 많을까요?"라는 질문을 했다. 설문에 응답한 사람 중에 TCP/IP를 개발해 인터넷의 아버지로 알려진 구글 부사장인 빈트 서프(Vinton Gray Cerf), 마이크로소프트의 수석연구원 조너선 그루딘(Jonathan Grudin), 세일즈포스닷컴 수석과학자 제이피 랑가스와미(JP Rangaswami), 〈뉴욕타임스〉의 과학 선임 기자 존 마코프(John Markoff) 등 유명인이 다수 포함되어 있었다.

결과는 빼앗아가는 것이 더 많을 것이라는 의견이 48%, 그렇지 않을 것이라는 의견이 52%로 일자리는 감소하지 않을 것이라는 의견이 더 많았다. 하지만 자세히 살펴보면 해석에 유의해야 하는 부분이 있다. 이들은 대부분이 지금의 일자리는 거의 빼앗기지만 새로운 일자리가 그만큼 생길 수 있기에 결과적으로 인간의 일자리를 빼앗지는 않을 것이라고 전망한 것이다.

즉, 언론에서 우려하는 것과 다르게 인공지능의 발달로 전체 일자리는 늘어날 수도 있다. 사라지는 일자리도 있지만 새롭게 생기는 일자리가 더 많을 것이기 때문이다. 그렇다면 어떤 일자리가 사라지고 어떤 일자리가 생길까?

전문가가 예측하는 사라지는 일자리와 새로 생기는 일자리를 비교해 보았을 때 사라지는 일자리는 비교적 명확하다. 그리고 현재 있는 직종이기 때문에 왜 사라지는지도 쉽게 이해할 수 있으며 예상되는 일자리의 규모도 검색 등을 통해 쉽게 확인할 수 있다. 또한 사라지는 대표적인 일자리는 우리 주위에서 흔히 볼 수 있는 자동차 운전, 서빙 등 이미 많은 사람이 종사하는 업종이다. 하지만 새롭게 생기거나 주목받을 것이라고 예측되는 일자리는 인공지능 전문가, 로봇전문가 등 주로 전문적인 일자리이기 때문에 일자리가 많지 않을 것으로 예상된다.

상식적인 관점에서 보면 어떻게 사라지는 일자리보다 새로 생기는 일자리가 많을 수 있을까라는 의문이 생길 수 있다. 전문가들의 주장이 설득력이 부족해 보이는 이유는 사실 전문가들도 정확히 모르기 때문이다. 모르고 하는 주장이지만 그렇다고 틀린 주장이라고 말하기도 어렵다.

과거 1970년대 ATM이 등장했을 때 수많은 전문가는 이제 은행원의 수가 크게 줄어들 것이라고 전망했다. 당시에는 사회적으로 돈이 부족했던 시기라 대출은 힘이 있거나 경제력이 검증된 사람만 받았을 수 있었다. 즉 대기업이나 상환할 능력이 있는 사람에게만 돈을 빌려주면 되는 것이었기에 대출 업무에 사람이 많이 필요하지 않았다.

지금은 정기 예금 금리가 1%이지만 1965년에는 26%였다. 당연히 초등학생부터 여윳돈이 생기면 은행으로 찾아오던 시기였기 때문에 고객 유치도 크게 신경 쓸 필요가 없었다. 대부분의 은행원은 돈의 입금과 출금을 도와주는 일을 하고 있었던 시기였다. 그런데 ATM의 등장은 은행원이 하고 있는 일을 빼앗아 버릴 수 있기 때문에 은행원 입장에서는 재앙처럼 다가온 시절이었다. 하지만 70년대 이후 2000년대 초반까지 각 은행이 ATM을 동네마다 설치했지만 은행원의 수는 줄지 않고 오히려 크게 늘었다. 일반인도 대출을 받는 세상이 되었고, 다양한 금융 서비스가 늘어났으며 고객서비스도 확대되었기 때문이다.

ATM이 도입되던 1970년대만 해도 은행에 이렇게 다양한 직종의 사람들이 일을 할 것이라고는 생각하지 못했다. 비슷한 현상은 2010년 이후에도 금융권에서 또다시 발생했다. 스마트폰이 대중화되면서 대부분 앱을 통해 처리를 하다 보니 더 이상 고객서비스와 영업 업무 등이 필요 없게 되어 일자리가 크게 줄어들 것이라고 생각했다. 이는 어느 정도 맞는 예상이 되었다. 하지만 당시에는 생각하지 못했던 사업이 커지면서 유사한 일을 하는 사람들이 훨씬 더 많아졌다.

인터넷 은행이 출범했으며 은행과 비슷한 핀테크 앱이 우후죽순 늘어났고, 관련 산업이 급속도로 팽창했다. 지금 내 스마트폰에 금융 관련 앱이 얼마나 많은지를 생각해보면 쉽게 이해할 수 있을 것이다. 앞으로 더 많은 사람이 대출, 영업, 전산, 분석, 투자, 고객 서비스를 이용할 것이다.

지금 인공지능으로 인한 미래의 일자리가 줄어들지 늘어날지를 예측하는 것은 아무리 전문가라고 해도 구체적인 근거를 가지고 논리적으로 이야기하기가 불가능하다. 전문가도 미래에 유망하다는 일자리가 얼마나 대중적인 일자리가 될지 예측하기란 쉽지 않다. 또한 현재 존재하지 않은 새로운 일자리가 얼마나 생길 것이며 또 얼마나 많은 사람이 일할 수 있을지도 미지수다.

이처럼 미래의 직업을 예측하는 것은 쉽지 않은 일이며 전문가들의 생각도 명확하게 정립되지 않았다. 전문가마다 각기 다른 목소리를 내고 있는 것이 현실이다. 하지만 인공지능과 직업의 미래에 대해 전문가 모두가 공감하는 것이 하나 있다. 지금과 같은 교육 방식은 잘못되었으며 지금과 같은 방식을 고집하는 나라는 미래가 없다는 것이다. 개인이든 국가든 세상의 변화를 맞이하고 배워야 미래가 있다.

# 인공지능 시대에
# 가장 중요한 능력

앞으로 인공지능 시대에는 '창의성'이 생존을 위한 가장 중요한 능력이 될 것이다. 개인이 창의성을 가지고 스스로 살아남을 수 있어야 하며 기업 입장에서도 인공지능으로 대부분의 일이 자동화, 정형화되면서 차별된 가치를 제공해야 할 것이다. 과거보다 창의적인 아이디어를 낼 수 있는 인재의 중요성이 앞으로 더욱 커질 수밖에 없다. 인공지능으로 무장한 로봇과의 경쟁에서 살아남기 위해서는 로봇이 하지 못하는 일을 해야 한다. 인공지능 시대에 누구나 알고 있는 지식, 누구나 생각할 수 있는 생각을 통해서는 살아남을 수 없다.

세계경제포럼은 7세 이하 아이의 65%는 지금 존재하지 않는 직업을 가지게 될 것이라고 이야기한다. 인공지능의 발달로 체계화할 수 있는 대부분의 일은 사라지고 로봇이 할 수 없는 창의적인 일로 살아남은 사람과 로봇과의 경쟁에서 밀려 일자리가 없는 사람으로 나뉠 것으로 보인다.

사회가 창의성이 중요한 시대라고 이야기하지만 아직도 근면성실이 창의력보다는 더 높은 평가를 받고 있는 때다. 또한 아직도 창의력은 일부 업종과 직군에만 필요한 가치라고 생각하는 경향이 많다. 하지만 인공지능이 창의적이지 않고 반복적이거나 시스템으로 처리할 수 있는 일을 빼앗아갈 것은 확실하기 때문에 창의적이지 않으면 살아남을 수 없는 세상이 될 수밖에 없다.

개인과 기업의 가장 큰 경쟁력이 창의성이라는 한 단어로 요약되는 시대가 올 것이다. 인공지능이 사람의 영역을 침범한다고 생각하지 말고 기술을 이용해 확장되는 것을 누릴 방법을 찾아야 한다.

# 창의적 능력을
# 어떻게 키울까?

이제는 창의력을 키우는 훈련을 해야 한다. 낮에는 창의적인 생각을 하기가 어렵다. 일상이 바쁘게 돌아가고 각종 소음으로 집중하기가 쉽지 않기 때문이다. 창의적인 생각은 구체적으로 언제, 어떻게 할 수 있을까? 창의적인 생각을 언제 할 수 있는지 창의력 전문가에게 물어보면 대부분 잠을 잘 때라고 말했다.

잠은 낮에 입력받은 수많은 정보를 정리하는 과정인데 이 과정에서 창의적인 생각이 떠오르는 것이다. 하지만 아쉬운 것은 이미 알고 있는 것처럼 잠을 자면서 어떤 창의적 생각을 하겠다는 의지를 가질 수는 없다는 것이다. 낮에 깨어 있을 때는 의지를 가지고 생각을 할 수 있지만 그 수준이 낮다. 또 잠을 자는 동안에는 자신이 의지를 가지고 제어할 수 없다. 이를 극복하기 위한 방법은 잠자기 전 최대한 창의성을 발휘하고 싶은 부분에 대한 생각을 많이 하고 자는 것이다.

잠들기 전 많은 생각을 할 경우 우리 뇌는 생각의 연속성으로 인해 꿈속에서도 관련된 생각을 지속적으로 할 수 있다. 하지만 또 다른 문제는 자면서 하는 생각은 자고 나면 기억이 나지 않는다는 것이다. 잘 저장이 되지 않는다. 전문가는 창의적인 생각이 필요한 상황이라면 쉽지 않겠지만 3시간 정도는 꼭 자고 일어날 것을 권한다. 꿈속에서 창의적인 생각을 한 후 시간이 지나 사라지기 전에 깨어나 창의적인 생각을 이어 나가는 것이 생산적이라는 것이다. 흔히 아이디어를 설명할 때 '번뜩이는 아이디어'라고 표현한다. 그렇기 때문에 아이디어는 순간적으로 갑자기 생겨나는 것이라고 생각한다. 하지만 많은 전문가는 결과만 보고 이야기하는 것이라고 이야기한다. 아이디어가 나오는 순간은 짧은 시간이지만 그 아이디어가 나오기 위해서는 시간의 양이 필요하다는 것이다.

창의적 생각을 하지 못하는 이유는 창의적인 사람이 아니기 때문이 아니라 창의적 생각을 하기 위해 깊은 고민을 오랫동안 안 하기 때문이지 태어날 때부터 창의적인 사람과 그렇지 않은 사람의 차이는 거의 없다고 이야기한다. 깨어 있는 시간 동안 최대한 많은 생각을 하고 자면서 낮에 들어온 정보를 꿈에서 정리하는 과정에서 창의적 생각이 발전된다. 이것을 다시 낮에 고민하는 과정을 반복하면 어느새 창의적인 생각이 번뜩이게 되는 것이다. 그렇다면 단순히 오랜 시간 동안 생각만 하면 되는 것일까?

창의성에 대한 또 다른 오해를 한 가지 말하자면 새로운 생각을 찾기 위해 관련 분야를 전혀 모르는 사람에게 기대하는 것이다. 종종 해당 분야에 대해서 전문성이 없는 학생이나 신입사원이 참신한 생각을 할 수 있다고 생각하는 경우가 많다. 하지만 이는 사회가 고도화되지 않았을 때 이야기이다. 이미 사회는 고도화되어서 전문성이 없어도 생각할 수 있는 수준의 생각은 거의 다 나왔다. 참신한 아이디어를 발전시켜 사회적으로나 경제적으로 가치를 만들어야 하는데 그러기 위해서는 전문적인 지식과 경험이 없이는 그 아이디어의 가치를 인정받거나 성과를 만들기 어렵다. 따라서 창의적 생각은 단순히 오래 생각하는 것이 아니라 전문적인 지식과 해당 분야에 대한 경험이 중요하다.

전문성은 어떻게 쌓을 수 있을까? 바로 교육과 경험이다. 직업적인 경험은 해당 분야에 대한 교육이 필요하다는 점에서 교육이 가장 중요하다고 할 수 있다. 4차 산업혁명에 맞는 인재를 키우기 위해서는 당연히 교육 방식의 변화가 필요하다. 하지만 사실 창의적 교육이 새로운 것은 아니다.

우리나라 교육을 예를 들면 수십 년간 구호만 요란했지 변화는 거의 없었기 때문에 나라에서 창의적인 교육을 해줄 것이라고 기대하지 않는 편이 낫다. 스스로 창의적인 교육을 받으려고 노력해야 한다. 우리나라 학생은 미래에 필요하지 않는 지식과 존재하지 않을 직업을 위해 매일 15시간이나 시간을 낭비하고 있다고 세계적으로 유명한 미래 학자인 엘빈 토플러(Alvin Toffler)가 말했을 정도이다.

그가 2007년 한국을 방문했을 때 이야기했는데 이미 오래 시간이 흘렀고 4차 산업혁명으로 인공지능이 가까워진 현재도 교육법이 크게 변하지 않았다. 가까운 미래를 위해 스스로 문제를 내고 답을 찾는 창의적 학습법이 필요하다. 창의성 교육에서 중요한 것은 재미이다.

의지만 가지고 어떤 일을 오래 지속하기는 힘들다. 즐거움이 있어야 그 일을 오래 할 수 있다. 사람이 즐거움을 느끼면 몸에서 도파민이라는 물질이 나오는데 크게 세 가지의 경우에 이 물질이 나온다. 첫째, 누구나 쉽게 경험할 수 있는 육체적 즐거움이다. 맛있는 것을 먹을 때나 성적으로 흥분될 때, 좋아하는 노래를 부를 때다. 이는 1차적인 즐거움으로 만족감에는 한계가 있다. 반복이 계속되면 더 이상 도파민이 나오지 않아 더 큰 자극이 필요하다. 계속 즐거움을 느끼기 위해서는 더 큰 자극이 필요해 자칫하면 스스로를 파괴하는 길로 빠지게 된다.

둘째, 도파민이 나오는 또 다른 경우는 자신이 좋아하는 일을 할 때이다. 좋아하는 운동을 열심히 하거나, 텔레비전 프로그램을 볼 때이다. 육체적 즐거움에 비해서 고차원적이며 지나치지 않는다면 우리의 삶을 행복하게 한다는 점에서 바람직하다. 하지만 대부분의 경우 생산적이지 못한 경우가 많기에 적당히 즐기는 정도가 좋다.

마지막으로 주목할 즐거움은 성취감을 통한 즐거움이다. 자신이 목표로 한 것을 이루었을 때 느끼는 성취감이다. 우리가 원하는 대학교에 합격하거나 취직했을 때 느끼는 짜릿한 감정이다. 이는 자주 느끼기 쉽지 않다. 창의적인 인간이 되기 위해서는 의도적으로 작은 정신적 도전을 통해서 성취감을 느끼는 일이 반복되는 환경을 만들어야 한다. 예를 들어, 수학이나 과학을 공부할 때 공식을 외운 뒤 공식을 대입해 푸는 것은 창의성 증진에 큰 도움이 안 된다.

전문가들은 창의력을 확장시키는 훈련을 하기 위해서는 공식을 모르는 상태에서 원리를 이해한 후 문제를 풀어야 한다고 말한다. 하지만 쉽지 않은 일이다. 이는 공식을 이용해 문제를 푸는 방식에 익숙해졌기 때문이다. 공식이 어떤 뜻을 내포하는지를 이해한 후 자신만의 새로운 문제를 내는 훈련을 해 보는 것이 좋다. 공식을 이용해서 수동적으로 풀기만 하는 입장이 아니라 원리를 이해하고 새로운 문제를 만드는 방식으로 공부하는 것이 좋다.

공식을 대입해 문제를 푸는 것이 아니라 원리를 이해한 후 마치 퀴즈를 푸는 것처럼 점점 어려운 것에 도전하고 이 과정에서 즐거움을 느끼는 훈련을 해야 한다. 또 나만의 문제를 만드는 과정에서 해당 문제를 더욱 깊이 이해할 수 있으며 창의력이 커지는 데 큰 도움이 된다.

학문으로 따지면 인공지능 시대에 수학의 가치가 크게 늘어날 것으로 전망된다. 현재 학창 시절에 배우는 영어와 수학에 가장 많은 시간을 투자하고 있다. 하지만 수학은 학교를 졸업하면 사용하는 경우가 거의 없는 순수 학문처럼 생각하는 경향이 강하다. 학창 시절에는 분별력이 가장 높은 과목으로 등수를 매기기 좋은 과목이고, 대학에서는 일부 공과계열에서만 필요해 사용도가 떨어지는 등 사회에 나오면 거의 쓸모가 없는 학문처럼 생각하기도 한다. 그에 비해 영어는 사회생활을 할수록 더욱 필요한 능력으로 생각하기 쉽다. 하지만 인공지능 시대에는 정반대가 될 것이다.

수학은 다른 학문과 다르게 문제 해결하는 능력을 키워준다는 면에서 창의력을 높이는 데 도움이 된다. 수학이 중요한 또 다른 이유로는 세계경제포럼은 앞으로 생기는 일의 20%가 수학 그리고 컴퓨터 관련 일이라고 예측했다. 앞으로 컴퓨터 관련 일에 상당수는 인공지능에 관련된 일인데, 인공지능 개발은 기존에 앱이나 홈페이지 개발과 비슷해 보이지만 많이 다르다. 앱 개발과 홈페이지 개발은 개발 도구의 사용 방법과 개발 언어를 알면 개발할 수 있다. 전산 이론을 깊이 알려고 하면 수학이 필요하지만 프로그래밍을 배울 때 필수적인 지식은 아니다.

그러나 인공지능 개발은 개발 프로그램에 대한 사용법도 알아야 하지만 이것을 제대로 이해하기 위해서는 수학적인 지식이 기본이 되어야 한다. 미분과 적분, 통계 등을 알아야 딥러닝 등을 이해할 수 있으며 응용이 가능하다. 그렇기 때문에 새롭게 생기는 일 중 컴퓨터 관련 일도 수학 관련 일자리라고 봐도 무방하기 때문에 새롭게 생기는 일자리 20%가 전부 수학 관련 일자리라고 해도 과언이 아니다.

영어는 우리가 구글 번역이나 네이버 번역에서 경험하는 것처럼 인공지능을 활용한 번역 기술이 점차 고도화되어가고 있다. 한 문장만 보면 어색하고 이상하기도 하지만 전체적으로 보거나 들었을 때 완전히 이해하지 못할 수준은 이미 아니다. 영화에서 보는 것처럼 이어폰을 통해서 자동 번역이 될 날이 얼마 안 남았다. 영어는 인공지능으로 인해 조만간 정복되어 크게 중요하지 않을 것으로 전망된다. 하지만 수학은 창의력을 키우는 데 좋은 학문이며, 앞으로 생기는 일자리의 20%가 수학과 관련된 일이기에 수학적 능력을 키워야 한다.

# 생산적 창의성이
# 중요하다

앞으로는 생산적인 창의성이 중요하다. 생산적인 창의성의 본질은 무엇일까? 문제 해결력이다. 그런데 문제 해결보다 중요한 것이 있다. 문제를 인식하고 정의하는 것이다. 누구나 다 알고 있는 문제는 문제가 아닌 경우가 많다. 오히려 남들이 문제라고 생각하지 않는 것을 문제라고 인식하는 것이다. 여기서 문제라는 것이 꼭 나쁜 것을 뜻하는 것이 아니다. 개선 가능한 모든 것을 포함하는 개념이라고 보면 된다.

예를 들어, 비가 내릴 때 '우산'은 대부분의 나라에서 사용하는 보편적인 물건이지만 발전이 거의 없는 원시적인 물건이기도 하다. 기원전 11세기부터 사용한 것으로 추정될 만큼 역사가 오래 되었지만 재질과 손잡이 형태가 일부 바뀌었을 뿐 새로운 기술이라는 것이 전혀 없다. 빨리 멀리 가고 싶어서 자동차와 비행기가 생기고, 멀리 떨어진 사람과 이야기하기 위해서 휴대폰이 생기고, 편리하고 따뜻하게 생활하기 위해서 아파트라는 거대한 기술 발전이 있었지만 우산은 아직도 원시적인 모습이다.

우산은 쓰고 있어도 비를 맞는 경우도 있고, 언제나 위로 들고 있어야 해서 불편하기도 하다. 바로 이런 문제점을 인식하는 것이 창의성에 가장 중요한 부분이다. 문제를 해결하기 위해서는 열정이 필요하다. 이 문제점을 꼭 해결해야겠다는 강한 의지와 집중력이 필요하다. 이는 육체노동처럼 가끔은 시간과 성과물이 정비례하는 경우도 많다. 많은 시간을 투자해야 아이디어의 질과 양이 결정된다. 또한 열정이 있어야만 외부에서 주어지는 다양한 아이디어의 힌트를 잡아 자신의 아이디어로 만들 수 있다.

강한 열정으로 언제나 그 문제에 대해서 생각하고 고민하다 보면 전혀 예상하지 못한 시간과 장소에서 아이디어를 얻기도 한다. 아이디어는 종종 뇌가 이완되는 과정에서 얻게 되는 경우가 많다. 회사에서 고민을 하다가 쉬기 위해서 집에 와 샤워하는 도중에 떠오르거나 산책을 하면서 떠오르는 경우가 많다. 가끔은 튀는 상상이 중요하다. 아무도 생각하지 못한 튀는 상상은 영화감독처럼 특별한 직업에 있는 사람 혹은 특별한 사람만 가능하다는 생각이 있는데 그렇지 않다. 노력의 산물일 가능성이 높다.

튀는 상상을 위한 가장 쉬운 연습 방법은 원래 아파트처럼 큰 것을 강아지처럼 작은 물체로 바꾸었을 때 어떤 일이 발생할지 상상하면서 노트에 기록해보는 일이다. 거꾸로 작은 제품이나 생명체를 아주 큰 제품이나 생명체로 바꿔서 상상해볼 수도 있다. 당연히 있어야 하는 위치를 바꾸는 방법도 좋다.

새가 바다에서 수영을 하거나 고래가 하늘을 날아다니는 상상을 할 수 있다. 시간을 이동시키는 상상도 좋다. 우리가 주위에서 자연스럽게 보는 제품을 조선시대로 이동하면 어떤 일이 벌어질까, 아니면 거꾸로 조선시대에 쓰던 제품을 지금 다시 사용하게 된다면 어떨까? 평상시 이런 훈련이 되어 있으면 상상력이 풍부해지고 고정관념의 칸막이가 점차 사라지게 된다.

창의성은 흔히 번쩍이는 생각으로 생각하는 경우가 많지만 대부분은 그렇지 않다. 아이디어가 나오는 순간은 짧은 순간일 수 있지만 문제 해결을 위해 고민하는 시간과 비례할 것이다. 뉴턴이 사과를 통해 만유인력의 법칙을 발견하는 순간은 사과가 떨어지는 짧은 시간이었지만 뉴턴이 얼마나 많은 고민의 시간을 투자했는지를 봐야 한다. 단순히 고민만 많이 하다고 되는 것은 아니다.

뉴턴이 단순히 고민만 많이 했다면 사과가 떨어지는 순간은 아무런 의미가 없었을 것이다. 뉴턴은 그 순간을 잡기 위해서 물리학과 지식을 엄청나게 공부했다. 즉, 창의력은 지식과 고민의 산물이다.

앞으로 단순하고 반복적인 일은 인공지능이 담당할 것이다. 인공지능을 관리하는 일을 해야 한다. 일자리에 대한 많은 논의가 있지만 시간이 많이 걸리는 단순 반복적인 일은 로봇이 하기 때문에 사람이 일하는 시간은 갈수록 줄어들 것이라는 전망이다.

중세시대에 노예가 일을 하자 귀족은 예술에 깊은 관심을 보인 것처럼 인공지능이 단순한 일을 하면 근무시간이 줄어들기 때문에 여유 시간이 늘어날 수밖에 없다. 자연스럽게 문화, 예술에 대해 관심을 기울이는 사람이 늘어나게 될 것으로 보인다. 인공지능이 소설을 쓰고, 그림도 그리지만 진정한 의미의 예술로 감흥을 느끼는 것은 한계가 있을 수밖에 없다. 인공지능의 예술은 이미 높은 수준에 도달해 있지만 아직 몇 가지 요소는 시도조차 못하고 있다. 대표적인 것이 유머인데 유머가 단순히 웃기는 것이 아니다. 재미를 포함하는 모든 것이라고 한다면 인공지능은 아직 매우 부족한 부분이 많다.

로봇이 웃기는 경우를 본적이 있는가? 감동도 인공지능이 제공하기 어렵다. 멋진 그림을 통해 인공지능이 감동을 줄 수는 있지만, 선행을 통한 감동이나 노력을 통해 성공하는 성취감, 어려운 처지의 사람을 공감하는 등의 능력은 없다. 유머와 감동처럼 인공지능이 제공하기 어려운 예술과 문화에 대해 앞으로 수요가 늘어날 수밖에 없을 것이다. 과거에는 튼튼하면 팔렸지만, 이제는 티셔츠에 재미있는 그림이 있거나, 특이하면 팔리는 것처럼 문화, 예술적 코드가 있을 경우 제품이 잘 팔리는 세상이 되었다.

창의적인 상품이라고 하면 번득이는 아이디어나 기존에는 없는 새로운 그 무언가를 상상하는데 꼭 그럴 필요는 없다. 티셔츠에 다른 사람을 웃길 수 있거나 감동을 줄 수 있는 그림이나 문구면 얼마든지 창의적인 능력자가 될 수 있다.

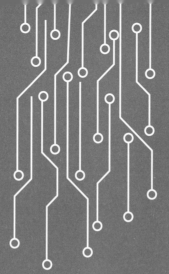

**Chapter 3**

# 인공지능,
# 어떻게
# 대비해야 할까?

# 인공지능을 어떻게
# 생각해야 할까?

인공지능 기술로 인해 극적으로 변할 업종은 예상 외로 3D 업종이다. 다른 업종도 인공지능의 도입으로 변화를 많이 할 것으로 예상되지만 3D 업종은 업의 형태가 완전히 바뀌기 때문이다. 지금은 사람이 모든 것을 직접해야 하기 때문에 더럽고, 위험하고, 어려운 일을 기피해 3D라고하지만 로봇과 인공지능이 실제 업무를 대신해준다면 지금처럼 3D 업종을 기피할 이유가 없다.

3D를 지원하는 인공지능은 어찌 보면 가장 바람직한 인공지능의 발전 형태라고 할 수 있다. 특히 힘든 일을 해야 해서 3D 업종으로 분류되는 공장은 인공지능 로봇이 대신해주면, 인건비 없이 인공지능과 로봇으로만 생산한 제품을 시장에 싸게 판

매할 수 있어 소비자는 다양한 물건을 저렴하게 구입해 사용할 수 있다.

제조업은 일반인의 관심이 적어 언론에서도 잘 다루지는 않지만 국가적으로도 경쟁력과 부의 창출에 직접적이기 때문에 투자를 많이 한다. 또한 인공지능에 대한 사회적 갈등이 적기 때문에 구성원과의 합의를 하는 과정에서 큰 갈등 없이 진행될 수 있어 빠른 발전을 이룰 것으로 예상한다. 이런 흐름에 빨리 뛰어들어 앞서 나가는 방법으로는 '스마트팩토리'에 대한 전문 지식을 갖추는 것이 유리하다. 혼자 공부하는 것은 한계가 있기 때문에 전문 교육 기관을 통해 체계적인 교육과 함께 학위를 받는 것이 앞으로 전문가로서 성장하는 데 큰 도움이 될 수 있다.

하지만 대부분의 분야는 3D처럼 인공지능을 통한 미래가 환상의 나라는 아니다. 영어를 사용하면서 인공지능 기술의 발전이 빠른 미국은 이미 심각한 사무직 위기에 빠져 있다. 좋은 일자리가 해외로 이동하고 있기 때문이다. 세계는 디지털화되었고 점점 국경은 무의미해지고 있다.

인터넷에서 데이터는 우리나라와 다른 나라, 선진국과 후진국, 자국민과 외국인을 차별하지 않는다. 패킷은 평등하다. 기업은 이 점을 잘 알고 있기 때문에 제조업 생산을 인건비가 싸고 국가적 지원이 좋은 해외로 옮긴 것처럼 디지털의 발달은 사무직 노동자의 일자리를 제삼국으로 이동시키고 있다. 인공지능이 이런 흐름을 확대시키고 있다.

　미국에서는 제3국에게 일자리를 빼앗긴 IT 전문가들이 '미국 정보기술 전문직 협회(ITPAA)'라는 단체를 만들었다. 이런 단체가 선진국 사이에서 우후죽순처럼 생기고 있다는 것은 사무직 노동자의 일자리가 제삼세계로 빠르게 이동하고 있다는 증거이기도 하다.

　2019년 우리나라 법무부 기준으로 외국인 등록 수가 128만 명이 넘었다. 외국인 노동자가 몰려들면서 특별히 전문성이 필요하지 않은 육체노동자들의 일자리를 빼앗고 있다. 육체노동자는 운 좋게 일자리를 구한다고 해도 이미 과거와 다르게 낮아진 일당을 보며 한숨을 쉴 수밖에 없다. 지금은 주로 육체노동자의 이야기지만 조만간 인공지능으로 인해 미국처럼 사무직 노동자에게도 이와 같은 유사한 일이 생길 것으로 보고 있다.

　미국의 실리콘밸리 개발자는 인도 개발자와 치열한 일자리 경쟁을 하고 있다. 구글 프로그래머의 상당수는 인도 현지에서 원격으로 일을 한다. 다른 나라 이야기처럼 들린다면 삼성전자 이야기를 해보자. 갤럭시 폰에 탑재되는 프로그램의 상당수는 인도 개발자가 개발하고 있다.

　인공지능의 발달로 그동안 불편했던 통역, 세금 문제, 법적

차이 문제, 제도 문제 등을 많은 부분 해결할 수 있어 기업 입장에서는 단순한 일은 인공지능에게 주고, 조금 더 복잡해 사람이 필요한 일은 다른 나라 노동자에게 일을 준 후 정말 핵심 업무만 자국의 우수 노동자에게 맡기는 일이 늘어날 것이다.

# 인공지능이
# 바꾸는 일하는 방식

인공지능 기술이 당장이라도 모든 것을 바꿀 것 같지만 아직은 생각만큼 쓸모가 없다. 그러나 한계가 많기에 이를 슬기롭게 잘 이용해 적응할 시간을 두고 기회를 찾아야 할 것이다. 이를 위해서는 인공지능에 대한 기대와 활용 방법을 바꿔야 한다. 왓슨은 암을 판독하는 인공지능이지만 아직 희귀암은 잘 구분해내지 못한다. 아쉽지만 사람이 구분할 수 있는 암만 구분할 수 있다. 현장에서 필요한 인공지능은 사람이 구분하기 어려운 희귀암이지만 그렇다고 왓슨이 필요 없을까? 아직은 인공지능에 대한 기대를 낮추고 슬기롭게 사용해야 가치가 있다.

왓슨이 암이 아니라고 판단했다면 실제 암일 가능성은 매우 낮다고 한다. 그렇기 때문에 의사가 간단히 다시 한 번 보고 최종 판단을 할 때 도움이 될 수 있는 것이다. 하지만 왓슨이 암이라고 판단한 사람은 의사가 더욱 자세히 진찰하게 된다. 즉, 1차적으로 왓슨이 판단하고 2차적으로 사람이 확인하는 방식이다.

1차적으로 왓슨이 정상과 비정상을 분류해 놓았기 때문에 사람이 판단하는 시간이 훨씬 줄어든다. 사람은 계속적으로 집중력을 유지할 수 없기 때문에 특정 시점에는 집중력이 떨어져 실수가 있다. 하지만 이렇게 작업을 할 경우 집중력을 분산해서 쓸 수 있기 때문에 사람의 실수를 크게 줄일 수 있을 것으로 보이며 동일한 시간에 더 많은 일을 할 수 있다. 인공지능과 사람이 서로 체크를 하기 때문에 최종적으로 잘못 판단하는 경우를 크게 줄일 수 있다는 장점이 있다. 즉, 적어도 당분간은 언론에서 이야기하는 것처럼 모든 것을 왓슨이 판단해 의사가 할 일이 줄어들 일은 없다는 것이다.

이처럼 당분간 인공지능은 많은 부분 사람의 대체제가 아니라 사람의 업무 능력을 향상시키는 존재가 될 것이며, 이를 슬기롭게 사용하는 사람이 경쟁력이 있는 사람이 될 것이다. 미래에 우리의 업무가 어떻게 변할지 정확히 알 수 없지만 다행인 점은 우리나라는 그 답에 대해 힌트를 알고 있다는 점이다. 우리나라는 인공지능이 인간을 넘어설 수 있는 가능성을 최초로 보여준 알파고를 온 국민이 세계 최초로 경험했다. 지금은 알파고에 대한 관심도 크게 줄어들었고 기억에서 사라지고 있지만 주목해야 할 시사점을 놓치면 안 된다.

알파고 이후 프로 바둑계가 어떻게 바뀌었는지를 보면 적어도 자리에 앉아서 머리로 일을 하는 직종에서 인공지능이 도입되었을 경우 어떤 변화가 있을지 예상하는 데 큰 도움이 된다. YTN에서 방영한 〈알파고 충격 후 3년〉이라는 다큐를 보면 프로 바둑 기사가 나와 인공지능 이후 프로 기사의 삶이 어떻게 변화했는지 잘 이야기해준다.

알파고는 누구나 사용할 수 있게 공개한 적이 없어서 몇 번의 이벤트로 끝이 났지만 프로 바둑계가 크게 바뀐 것은 페이스북이 알파고 이후 1년 5개월 뒤 엘프 오픈고(Elf OpenGo)를 공개해 누구나 인공지능 바둑 프로그램을 이용할 수 있게 되면서부터라고 한다. 프로 바둑 기사가 엘프 오픈고를 이용해 평상시 연습을 하면서 자신의 실력을 키우는 일이 많아졌다. 엘프 오픈고와 바둑을 두면서 어디에 두는 것이 승률이 높은지를 실시간으로 확인할 수 있어 프로 기사의 실력이 전반적으로 크게 향상되었다고 한다. 특이한 것은 알파고를 가장 처음 접한 이세돌 기사는 인공지능을 이용해 평상시 연습을 하지 않았다고 하는데 그래서인지 은퇴 전까지 승률이 크게 떨어졌다고 한다.

인공지능으로 많은 기사가 연습을 하기 시작하자 획일성 문제도 발생했다. 많은 기사가 동일한 프로그램으로 학습하기 시작하면서 인공지능이 추천해주는 바둑을 두기 때문에 개성이 사라지고 모두가 이길 확률이 높은 수만 두기 때문에 재미가 줄었다는 이야기를 했다.

사무직의 일도 엘프 오픈고 이후의 바둑계와 비슷한 흐름을 보이며 변할 수밖에 없다. 공통적이며 반복적인 일은 모두 인공지능으로 대체되거나 인간이 한다고 해도 빠른 시간 내에 처리가 될 것이다. 신입 사원도 부장 못지않은 상향평준화된 결과물을 어렵지 않게 만들어낼 수 있을 것이다. 인공지능을 거부하거나 제대로 이용하지 못하는 사람은 인공지능을 잘 이용하는 사람에 비해 경쟁에서 밀릴 수밖에 없는 것도 불 보듯 뻔하다.

이런 변화에 적응하기 위해서는 무엇이 가장 중요할까? 가장 중요한 것은 '무엇을 바꿀 것인가?'이다. 업무 중 인공지능에게 넘겨줄 것이 무엇이고, 새롭게 정의된 업무에 내가 강점으로 키울 것이 무엇인지 생각하는 것이 중요하다. 인공지능의 발달을 지켜보다가 자기 자신을 점진적 혹은 급진적으로 변화를 줘야 한다. 점진적 변화는 내가 가진 경쟁력이 인공지능이 쉽게 따라올 수 없는 영역일 때 사용하기 좋다.

예를 들어서, 증권회사에서 투자 업무를 진행한다면 지금은 아무나 할 수 없는 전문적인 업무지만 앞으로 수많은 데이터를 실시간으로 분석해서 투자 결정을 하는 인공지능을 이기기가 어려울 가능성이 높다. 이 경우 데이터 분석 기술을 더 공부해 금융 데이터 분석가 업무에 도전하는 것이 좋을 수 있다. 금융권에서는 점차 초개인화 서비스에 대한 수요가 많아지고 있다. 빅데이터를 통해 고객의 TPO(Time, Place, Occasion)를 실시간으로 분석한 뒤 고객에게 가장 필요한 정보와 혜택을 제공하려는 움직임이 있어나고 있다. 하지만 아직 이런 것을 할 수 있는 인력은 매우 부족한 상황이다. 하지만 나의 업무가 인공지능이 따라잡기 쉬운 판매 업무나, 고객 상담, 반복적인 업무 같은 일에 근무를 해 자신의 업무가 인공지능에 의해 쉽게 대체가 가능하다고 한다면 급진적 변화를 줘야 한다. 힘들고 어려운 도전일 수 있지만 인공지능에 의해 완전히 대체되기 전에 현재 경쟁력이 남아 있는 상태에서 변화를 모색해야 한다. 유사하지만 인공지능이 대체하기 어려운 영역으로 이동해야 한다. 절벽에 매달려 있을 때 절벽 위로 기어올라가는 것은 힘들다. 떨어질 것만 같을 때 위로 올라가려고 한다. 하지만 힘이 더 남아 있을 때 기어올라가야 한다.

# 인공지능으로 인한
# 사무직 노동의 변화

인공지능의 발달로 사무직은 어떻게 변화할까? 글로벌 RPA(Robotic Process Automation) 회사인 오토메이션 애니웨어(automation anywhere)와 유아이패스(UIpath)의 비전을 보면 예측이 가능하다. 사무직 직원이 하는 업무를 자동화하겠다는 것이다. 요즘 RPA는 뜨거운 용어로 떠오르고 있다. 그러나 많은 IT 용어가 그러하듯 이름만 바꿔서 관심을 끌고 있을 뿐 RPA는 우리가 알고 있는 매크로와 크게 다르지 않다. 조금 더 다양한 기능이 있는 매크로에 인공지능을 붙인 것이라고 할 수 있다.

RPA는 현재 반복적인 업무에만 도입할 수 있다. 현재 모 회사에서 사용하는 RPA의 활용성을 살펴보자. 해당 업체는 중견 식자재 유통 업체로 농산물을 대량으로 구매해 비교적 소량을 원하는 식당 등에 납품하고 있다. 담당자는 농산물 도매 사이트에 방문해 그날의 고추, 당근, 마늘, 양파 등 수십 개 종류의 농산물을 크기, 생산지 별로 다양하게 조회해가면서 수백 개 가격표를 다운받은 후, 회사 DB에 접속해 현재 회사가 가지고 있는 물량이 어느 정도인지 파악 후 재고가 부족하다면 대량으로 구매한다. 이후 적당한 마진을 붙여서 거래하는 업체에 정기적으로 견적서를 메일로 보내는 일을 하고 있다. RPA는 이같은 일을 사람보다 훨씬 빠르고 실수 없이 처리할 수 있다.

전혀 상관없어 보이는 부서 간 업무도 디지털 혁신으로 통폐합되어 인사팀에서 누구는 사람을 관리하고 누구는 RPA나 로봇을 관리하는 일이 벌어질 것이다. RPA는 기존 매크로와 다르게 인공지능 기능이 핵심이다. 만약 사이트의 일부 디자인과 구성이 바뀌었다면 기존에 사용하던 매크로는 새로 다시 만들어야 하지만, 요즘 RPA는 인공지능 기술이 있어 자동으로 인식해 적절하게 대처해준다. 앞으로 인사팀에서 사람뿐만 아니라 RPA 같은 소프트웨어나 로봇을 관리할 수 있다.

인공지능이 발달할수록 RPA는 매크로와 차별화될 것이며 반복성이 강한 업무에 대해서는 사람처럼 점점 능숙하게 일을 할 수도 있을 것이다. 더 나아가 전문가들이 최근 관심을 보이는 분야는 RPA와 프로세스 마이닝 그리고 인공지능의 결합이다. 요즘 우리는 일을 할 때 수많은 기록을 남긴다. 회사에 접속해 회사 컴퓨터에 로그인 후 ERP 프로그램을 이용해 회계 처리를 하고, 협업 프로그램을 이용해 유관팀에 업무 요청을 하고, 고객정보를 조회에 고객에 요청을 처리해주면서 업무를 본 후 메일을 통해 처리 결과를 알리기도 하고 경우에 따라서는 품의를 통해 결재를 받는다. 이 과정이 반복되면 회사 시스템의 사용 기록을 분석해 업무를 표준화할 수 있다. 더 나아가 현재 업무 처리의 문제점을 파악할 수 있다. 이런 일을 과학적으로 알아볼 수 있는 대표적 프로그램으로는 디스코(DISCO)가 있다.

이 프로그램을 이용하면 회사 전직원의 업무를 도식으로 살펴볼 수 있다. 누가 업무의 핵심인지 한눈에 파악할 수 있을 뿐만 아니라 누가 어떻게 업무를 처리하는지 추적할 수 있다. 불필요한 프로세스도 제거하는 데 도움이 된다. 누가 어디에서 병목 구간을 만들어 전체 업무 처리 속도를 느려지게 하는지, 어떤 사람이 재미있는 방법으로 업무를 처리하는지도 알 수 있다. 누가 업무를 가장 효율적으로 처리하는지를 알 수 있으며, 누가 다른 사람과 다르게 특이하게 일을하는지 뽑아내 정상적으로 일을 하는 것인지 파악할 수도 있다. 유용하면서도 무서운 프로그램이다.

지금의 RPA는 매크로의 발전 수준으로 반복적인 업무를 빠르게 실수 없이 대신해주는 수준이다. 하지만 앞으로는 직장인들의 업무를 분석해 효율적으로 관리해주는 디스코 같은 프로그램의 기능과 합쳐진다면 지금처럼 단순 반복적인 일을 빨리 처리하는 수준을 넘어설 것이다. 시스템 전체를 분석해 더 효율적으로 일하는 방법까지 알아서 찾아서 처리해주고 지속적으로 일을 더 잘할 수 있는 방법을 딥러닝을 통해 계속 찾기 때문에 사람이 인공지능보다 일을 잘하긴 어려운 세상이 조만간 온다.

일본을 대표하는 IT 기업 중 하나인 니혼 유니시스(Nihon Unisys)와 이토키 코포레이션(Itoki corporation)에서 개발 중인 서비스도 사무직이 앞으로 어떻게 일할 수 있는지 보여주는 예이다. 이 기업이 개발 중인 서비스를 한마디로 이야기하면 회의 도우미이다. 회의에 참여한 사람이 이야기를 하면 이 이야기를 잘 듣고 있다가 회의록을 정리한다. 핵심 기능은 회의에서 나온 이야기를 듣고 있다가 어떤 의견이나 생각이 나오면 인공지능이 이 의견에 대한 사실 관계나 문제점 등을 정리해서 알려주는 것이다. 잘못된 점을 실시간으로 확인해주고, 아이디어의 장점과 단점 등을 알려준다.

회의에 참석한 사람은 인공지능이 알려주는 정보를 통해 잘못된 것은 수정하고, 의견을 참고해 더 생산적인 논의를 할 수 있다. 추가 정보를 통해 생각하지 못하던 아이디어에 대한 힌트를 얻고 전혀 다른 관점으로 논의를 진행할 수도 있다. 회의만 인공지능의 도움을 얻는 것은 아니다. 앞으로 기업에서 일하는 방식을 획기적으로 바꿀 것으로 예상되는 분야로는 기업의사결정시스템(DSS; Decision Support System)이다.

기업의사결정 시스템에 대한 개념은 1978년에 킨(D. Keen)과 스캇 모턴(M. Scott Morton)의 저서에서 처음 나왔을 정도로 오래된 개념이다. 기업 경영에서 가장 중요한 의사 결정을 개인의 경험이나 감에 의존하지 않고 객관적인 자료를 기준으로 판단하게 한다는 것이다. 이 개념은 매우 오래 되었지만 개념을 충족시켜줄 만한 시스템을 현실에서 구현하기 쉽지 않아 아직도 대부분의 판단은 경영자의 주관적 판단과 그날의 기분에 의존하고 있다. 하지만 앞으로는 인공지능을 통해 객관적인 의사 결정을 내리는 데 도움을 받을 것이다. 의사결정에 따른 위험이 무엇인지, 그런 의사 결정을 하지 않을 때 경험할 수 있는 위험과 기회는 무엇인지에 대해 인공지능의 도움을 받을 수 있으며, 객관적으로 회사가 시장에서 어떤 평가를 받고 있는지도 도움받을 수 있다. 이는 단순히 시장 상황만 분석해 인공지능이 의견을 주는 것이 아니다. 회사의 재무 현황, 직원의 역량 등을 종합적으로 결정해서 중요한 의사 결정을 위해 부하 직원에게 물어보듯 인공지능에게 물어볼 수 있다.

# 인공지능 시대를
# 사는 자세

　직장인에게는 재앙처럼 보이는 RPA와 DSS 같은 시스템이 늘어나면 사람은 어떤 일을 해야 할까? 답은 간단하다. 반복적이거나 비효율적인 업무는 로봇에게 넘기고 로봇이 하지 못하는 더 부가가치가 높은 업무를 해야 한다. 로봇이 할 수 있는 업무는 현재 매우 한정적이지만 앞으로 법무, 기획, 영업, 재무 등 다양한 분야에서 활동할 것으로 보인다. 하지만 당분간 본질적 분야를 RPA가 담당하게 될 가능성은 적다.

　예를 들어 은행에서 기업에 대출을 해주는 것은 주요 업무 중에 하나이다. 대출은 금액도 클 뿐만 아니라, 아파트처럼 확실한 담보가 없는 한 해줄 수 없는 경우도 많다. 창구에서 직원이 대출을 해주기로 결정했을 때 RPA는 필요한 서류와 실무 처리 업무를 스마트하게 처리해주는 데 큰 도움이 된다. 하지만 대출을 결정하기 위해서는 그 회사의 기술 수준, 회사의 비전, 대표의 리더십, 직원의 능력, 업계 평가, 소비자 평가 등 다양한 요소의 평가가 필요하다.

인공지능이 이런 평가에 도움을 주기는 하겠지만 최종적인 평가는 사람이 해야 하고 이를 위해 사람이 다양한 것을 고려해 기획해야 한다. 마케팅도 마찬가지이다. 이미 준 인공지능 소프트웨어라고 할 수 있는 모 마케팅 프로그램은 인터넷 전체를 검색해 내가 팔고 있는 제품이 인터넷에서 경쟁력 있는 가격인지 알려준다. 더 나아가 요즘은 내가 팔고 있는 가격이 너무 싸거나, 비쌀 경우 알아서 적당한 가격으로 변경해주는 프로그램도 있다. 인공지능이 도입되면 동일한 제품이 아니라, 경쟁 관계에 있는 다른 제품까지도 비교해 적당한 가격을 추천해 줄 수 있을 것으로 보인다. 품질, 브랜드, 고객 평가, 디자인을 종합적으로 분석해 가장 적당한 가격을 알려주고 자동으로 세팅해주는 것이다.

지금은 사람이 경쟁 제품과 하나하나 비교하면서 주관적으로 가격을 조정하고 있지만 앞으로는 인공지능으로 대체할 가능성이 많다. 대신 사람은 가격 이외에 고객을 분석해 그들이 좋아할 만한 이벤트를 하든가 고객이 함께 사용할 만한 제품을 생산하는 회사와 제휴를 맺어 공동 마케팅을 기획할 수 있다.

여기에 제품이 알려질 수 있는 재치 있는 영상을 만드는 것이 있다.

　인공지능 시대에 중요한 것은 '업의 본질'을 정의하는 것이다. 과거에 그림을 그리는 사람은 주로 있는 그대로를 생생하게 그려야 능력을 인정받았다. 왜냐하면 귀족과 왕의 초상화를 그리거나 역사에 남길 것을 사진처럼 남겨야 했기 때문이다. 아마도 이들에게 사진기의 발명은 충격이었을 것이다. 그런데 이후 계속 사진기와 경쟁을 해 그림을 더 정밀하게 똑같이 그리려고 노력하는 화가는 큰 인정을 받지 못했다. 사진으로 찍을 수 없는 추상적인 그림을 그리는 화가가 더 크게 인정받았고, 현재는 대부분의 작가가 이렇게 그림을 그리고 있다. 묘사를 통해 똑같이 그리는 업에서 사물을 새롭게 해석하고 표현하는 업으로 업의 본질이 변한 것이다. 마찬가지로 인공지능 시대에는 모든 직업이 화가가 사진기를 만난 두려움과 막막함과 같은 상황이 될 것이다. 자신의 일이 인공지능과 경쟁했을 때 더 이상 경쟁이 안 될 경우 본질의 변화를 추구할 필요는 있다. 이 변화를 잘 파악해 이끄는 사람이 크게 성공할 가능성이 높다.

　예를 들어 자신이 만약 기자라면 어떻게 대비해야 할까? 인공지능 시대 스포츠나 주식과 관련한 단순 기사는 이미 인공지능이 쓰고 있을 것이다. 이런 상황에서 기자가 과거와 똑같은 기사만 생산한다면 더 이상 전망은 없다. 하지만 앞으로도 기자가 일할 수 있는 영역은 아직 많이 남아 있다. 탐정처럼 세상에 드러나지 않는 잘못된 일을 추리와 과학 조사를 통해 점차 밝혀 나가는 과정을 신문 기사로 쓴다든가, 인공지능이 분석한 자료를 재미있게 재가공한다면 그 업의 본질이 변할 수 있을 것이다. 내가 어떤 일에 종사하고 있는지 재정의하고 이를 달성할 수 있는 계획을 세우는 것이 중요하다.

사무직 노동자의 업무를 다시 정의하면 '도덕의 수식화'이다. 예를 들어, 자율주행 자동차는 기술적 측면에서 빠르게 발전하며 답을 거의 찾아가고 있다. 그러나 기술적 답이 아닌 윤리적·도덕적 가치를 어떻게 풀어나가야 할지는 아직 정리조차 못하고 있다.

예를 들어, 자율주행 자동차가 스스로 운전을 하다가 앞에 무단횡단을 하는 두 명의 사람을 발견했다고 가정해보자. 방향을 바꾸지 않고 정지하면 뒤에서 빠른 속도로 달려오는 차와 충돌할 수밖에 없어서 죽을 수도 있는 상황이다. 그런데 바꿔야 하는 방향의 인도에 다른 한 명이 지나가고 있다면 어떻게 해야 할까? 방향을 바꾸지 않으면 무단 횡단하는 두 명이 죽을 수 있고, 방향을 바꾸면 아무 잘못도 없이 인도로 잘 가고 있는 한 명이 죽는 것이다. 또 그 자리에 멈추면 내가 죽을 수도 있는 상황이다. 최악의 상황이다. 이런 경우에 자율주행 자동차는 어떤 판단을 해야 할까? 자동차 회사는 어떤 판단을 하도록 설계해야 할까?

미국에서 유사한 조사를 했는데 죄 없는 사람 한 명이 죽는 게 제일 낫다는 답변이 가장 많았다고 한다. 그런데 그 한 명이 가족이라고 이야기했더니 죄송하지만 답을 바꾸겠다고 하며, 무단횡단을 한 두 명이 죽어야 한다고 대답을 했다. 그렇다면 가족이 죽는 것은 안 되고 무단횡단을 한 두 명이 죽는 것은 너무하고, 대신 자신이 죽는 것은 어떤지 물었을 때 아무도 대답을 하지 못했다.

사람이 죽고 사는 문제라서 너무 심각하게 느껴질 수 있으니 조금 가벼운 예시를 들어 보겠다. 운전을 하다 보면 양보를 해야 할 때가 많다. 좁은 길에서 반대편에서 차가 나오면 기다려야 하고 경우에 따라서는 후진도 해줘야 하는 상황이 온다. 더군다나 큰 길에서는 차선을 바꾸려고 하는 운전자에게 양보해야 하는 경우도 있다.

첫 번째 차는 양보라고는 없다. 최대한 자동차 머리를 밀어 넣는 자율주행차이고, 두 번째 차는 양보 운전을 많이 하는 자율주행 자동차가 있다. 그런데 이 자동차는 가던 속도를 줄이거나 후진을 하느라 불편하기도 했고, 자꾸 후진을 해줘서 연비도 나빠졌다. 두 개의 자동차 중 하나를 선택해야 한다면 어떤 차를 사겠는가? 학교 도덕 시간에 배운 지식과 부모님께 배운 가르침으로는 두 번째 차를 구매해야 할 거 같지만, 막상 돈을 내고 살 때는 대부분 첫 번째 차를 사고 싶을 것이다. 내가 자동차 개발자라면 어떤 차를 만들어야 할까? 이렇듯 인공지능이 데이터 분석을 통해 스스로 알기 어려운 문제를 하나 하나 고민하고 정의해주는 것이 사람이 하는 중요한 업무가 될 것이다.

# 인공지능 시대,
# 사무직은 어떤 일을 할까?

사무직은 인공지능에게 일을 시켜 생산성을 높이거나, 인공지능을 교육하는 사람으로 크게 나누어질 것이다. 인공지능 조수에게 일을 시키는 일은 알겠는데, 인공지능을 교육한다고 하면 생소할 수 있다. 인터넷이 처음 나왔을 때 회사에서 인터넷 관련 일을 하는 사람은 극히 일부였다. 대부분의 회사는 인터넷 관련 인력이 없었으며, 대기업과 통신사 같은 일부 기업에서만 인력이 있었다. 하지만 인터넷의 중요성이 커지면서 전담 인력이 생겼다. 그들은 웹에 대한 모든 권한을 가지고 있으며, 모든 것을 한다는 의미로 '웹 마스터'라고 불렸다. 최초의 인터넷 관련 직업이었다.

이들은 웹 서버를 설치하고 회사 홍보팀에서 주는 자료를 받아 이미지를 올리는 수준이었다. 이때까지만 해도 인터넷 관련 직업은 미래가 매우 불투명했다. 국내 최초의 웹마스터 중 한 명이었던 이모씨는 직업의 전망을 의심하고 다른 업종으로 전환까지 할 정도로 불과 25년 전까지만해도 인터넷 관련 지식으로 생계를 유지할 수 있는 사람은 극소수였고, 미래에도 다이나믹하게 크게 늘어나지 않을 것처럼 보였다. 그러나 전공자가 웹 사이트를 예쁘게 만드는 것에는 한계가 있기 때문에 웹 디자이너라는 직업도 생겼다. 이렇게 되자 이번에는 웹 사이트를 어떻게 만들고 어떤 콘텐츠를 넣을지에 대한 기획이 필요해졌고 웹 기획자라는 직업도 생겼다. 이후에는 대부분의 사람이 아는 것처럼 인터넷이 단순히 회사 안내를 하는 역할을 벗어나 독자적인 영역으로 검색, SNS, 쇼핑 등 다양한 영역으로 발전했다. 이제는 인터넷과 직간접적으로 연계된 일을 하는 사람의 수가 셀 수 없이 많아졌다. 인터넷 초창기 시절에는 아무도 예상 못한 일이었다. 마찬가지로 앞으로 인공지능이라는 조수에게 일을 잘 시켜서 생산성을 높이거나, 인공지능 조수를 교육시키는 사람이 크게 늘어날 것으로 예상된다.

주목할 점은 많은 사이트가 이미 초기 인공지능이라고 할 수 있는 소프트웨어가 일을 하고 있다는 것이다. 직원들이 잠을 자고 있는 시간에도 이미 네이버라는 거대 소프트웨어는 검색 결과를 알려주고 광고를 노출하며 돈을 벌고 있고, 쇼핑 사이트는 직원이 쉬는 명절에도 배너를 통해 홍보를 하며 주문을 받고 있다.

구글을 보자. 메인 페이지는 검색창 하나 있으며 처음 나왔던 20년 전과 크게 다르지 않다. 보이는 모습만 비슷하게 만든다고 하면 html을 한 시간 동안 배워서 10분이면 만들 수 있을 정도의 수준이다. 하지만 구글은 20년간 수만 명의 직원을 데리고 구글 검색을 계속 개선하고 있다.

네이버도 마찬가지이다. 메인 페이지가 크게 변경되지 않지만 웹 페이지와 앱을 더 편리하고 똑똑하게 만들고 있다. 바로 이런 일에 관련되어 있는 사람은 프로그래머가 아닌 사람이 더 많다. 앞으로 인공지능도 비슷한 길을 갈 것이다. 인공지능도 결국 소프트웨어 개발 방법론 중에 하나이다. 개발자 혼자서 할 수 있는 것은 거의 없다.

예를 들어 요즘 많은 사람이 사용하는 드론을 생각해보자. 지금은 드론에 카메라가 있지만 두뇌가 없는 카메라이다. 하늘 높은 곳에서 사진과 영상을 보내주어 직접 하늘에서 보는 듯한 상쾌함을 제공하는 것이 매력이다. 그런데 여기에 인공지능 기능이 접목된다고 생각해보자.

캠브리지대학교에서 진행하는 '하늘의 눈(eye in the sky)' 프로젝트는 드론에 지능을 다는 일이다. 1차적으로는 드론을 이용해 폭력 사태를 감시한다. 하늘을 돌아다니면서 사람이 많은 곳에서 폭행이 있거나 소요 사태가 있는지를 파악한다. 폭행과 같은 위험한 상황을 인지하기 위해 캠브리지대학교는 아르바이트 인원을 고용해 다양하게 때리고 맞는 작업을 반복적으로 하고 있다. 때리는 사람도 많이 필요하고 맞는 사람도 많이 필요하기 때문에 현재도 고용이 창출된다. 그러나 앞으로 때리거나 맞지 않아도 되는 이보다 더 좋은 일자리와 더 좋은 사업을 많이 기대할 수 있다. 데이터가 방대해지면 드론을 통해 폭력 사태를 감지하는 일이 가능해질 것이다. 인공지능 드론이 폭력을 감지하면 그 지역으로 가지 못하게 자동차 네비게이션을 연동하여 안내를 할 것이고, 학교에서 가정으로 자동으로 연락이 취해져 아이들은 밖으로 나오지 못하게 할 것이다. 또한 경찰에게 즉시 알려 출동할 수 있게 시스템도 가능하게 된다.

드론이 돌아다니면서 경고할 수 있는 일은 폭력만 해당하는 것이 아니다. 초등학교 앞에서 어린아이들이 뛰어 놀고 있는 경우를 분석해서 위험 상황에 자동으로 근처를 지나는 자동차의 속도를 낮춰주거나 아이들에게 주의를 줄 수 있는 기술 개발로 사업을 확장할 수 있다. 인공지능의 발달로 다수의 데이터 생성 일자리가 생길 수 있고, 수많은 파생 산업과 고급 일자리가 생길 수 있다.

인공지능의 발달로 일자리가 사라지고 있는 것은 사실이다.

특히 획기적인 인공지능 소프트웨어가 나오면 그로인해 일자리를 잃는 사람이 나오기 때문에 사람들은 걱정하기 시작한다. 한때 로스 인텔리전스와 같은 인공지능 때문에 은행에서 실업자가 늘었다는 뉴스가 많았다. 하지만 ATM의 등장으로 은행원의 일자리가 줄어들 것으로 예상했지만 영업 인력, 서비스 인력, IT 인력이 들이 크게 늘며 전체 은행 일자리는 줄지 않았다. 인공지능 시대를 맞이하여 이미 비슷한 흐름이 일어나고 있다. 인공지능이 전문 투자 업무 분야에서 사람의 일자리를 대체하는 것처럼 보이지만, 또 다른 분야에서 일자리는 늘고 있다.

대표적으로는 베터먼트(betterment) 같은 회사가 늘어나면서 기존에 없던 일자리가 늘어나고 있다. 베터먼트는 기존에 전문 투자 회사가 기업이나 개인에게 서비스하지 않는 영역을 발견해 서비스를 시작했고, 기존에는 없던 일자리를 만들어내고 있다. 골드만삭스, S&P 같은 회사는 좋은 학교를 나온 우수 인력을 뽑아 거부와 기업을 대상으로 투자 서비스를 제공해왔다. 일반인이 이들에게 서비스를 받기는 쉽지 않았다. 베터먼트는 소득 수준은 높지만 아직 가진 재산이 많지 않은 사람을 대상으로 서비스를 제공한다.

골드만삭스, S&P의 고객은 엄청난 부자이며, 부동산 자산이 많지만, 베터먼트는 학력 수준이 높은 젊은 고소득자나 부동산 재산 등 가진 재산이 많지 않은 사람이 주 고객이다. 베터먼트와 같은 서비스는 상대적으로 저렴해 오프라인으로 소수의 사람만을 대상으로 운영하기에는 수지타산이 맞지 않는다. 그래서 이 문제를 인공지능으로 해결해 다수의 사람을 대상으로 온라인 서비스를 제공하고 있다. 골드만삭스, S&P와 같은 회사는 전 국민의 0.00001%도 안 되는 사람을 대상으로 서비스를 하고 있지만 베터먼트와 같은 회사는 전 국민, 더 나아서 전 세계를 대상으로 사업을 하기 때문에 오히려 관련 일자리는 늘어났다. 하지만 기존에 투자를 하는 사람이 베터먼트와 같은 회사로 이직을 해 새로운 일을 할 수 있는 것은 아닐 것이다. 준비된 사람만이 가능할 것이다. 골드만삭스, S&P와 베터먼트는 투자업종으로 하는 일은 비슷해 보이지만 서비스의 대상이 다르기 때문에 실제 서비스에서는 큰 차이가 있다.

기존 투자 회사는 일종의 B2B 서비스이다. 소수의 고객만을 대상으로 그들의 요구사항을 잘 들어주면 된다. 하지만 베터먼트는 B2C 업종으로 수많은 사람을 대상으로 서비스를 하고 있으며, 이들을 만족시켜야 한다. B2B와 비교할 수 없을 정도로 앱이나 홈페이지가 사용하기 편해야 하며, 버그 하나 없어야 한다. 또한 고객의 수많은 취향을 맞춰야 하고, 그들의 다양한 상황을 모두 고려해야 한다.

기존 투자 회사는 기본적으로 오프라인 영업과 대면 서비스이지만, 베터먼트는 홈페이지와 앱이 중심이 되는 서비스이다. 영업 방법도 완전히 다르다. 오프라인 서비스와 온라인 서비스는 생각보다 차이가 크다. 오프라인의 절대 강자인 이마트가 온라인에서 쿠팡에 힘을 못 쓰고 롯데는 쿠팡에 경쟁자로도 인식이 못되는 것처럼 말이다. 가장 큰 차이는 인공지능을 얼마나 활용할 수 있는가이다.

베터먼트는 기존 투자 회사처럼 소수의 개인과 소수의 기업에만 집중적으로 투자하며 서비스를 제공할 수 없다. 인공지능을 활용해 빠르게 업무 처리를 하며 투자 서비스를 다양한 사람에게 제공해야 한다. 자신의 업무가 인공지능으로 위협받을 수 있다면 인공지능으로 생성되는 일자리로 이동을 준비해야 한다. 베터먼트와 같은 투자 회사로 이직하기 위해서는 이런 차이점을 인정하고 인공지능에 대한 준비를 철저하게 해야한다. 실무에서 불필요해 보이는 인공지능 관련 자격증이나 학위라도 협상 때는 매우 유리하게 작용되기 때문에 취득해 놓는 것이 좋다.

# 동일하지만 동일하지 않은 직업의 변화

인공지능의 발달로 어떤 일이 사라지고 새로 생길지 모르지만, 확실한 것은 어떤 일은 생기고 어떤 일을 사라질 것이라는 사실이다. 그리고 나의 일은 사라지면 안 된다. 이제는 자신의 일을 객관적으로 살펴보고 인공지능에 맞는 일로 바꿔야 한다. 많은 사람은 인공지능의 등장으로 기존의 일자리가 사라질 것이라고 생각한다. 맞는 이야기다. 하지만 없어지는 일, 변화되는 일, 새로 생기는 일이 서로 혼재될 것이다.

이 중에서 '변화하는 일'을 가장 주목해야 한다. 특히 나의 일이 어떻게 변할지에 대해 주목하고 대응 전략을 세워야 한다. 앞에서 인공지능의 위협에 대해서 이야기한 것처럼 인공지능 소프트웨어인 '로스 인텔리전스'와 같은 프로그램이 발달해서 관련법은 기본이며, 과거 수십 년간의 판례를 즉각적으로 분석해 알려준다고 이야기했다. 그래서 변호사의 역할과 중요성이 앞으로는 크게 줄어들 수밖에 없는 것이다. 그렇다면 법 관련 직업이 전망이 없는 것일까? 꼭 그렇게 단정할 수는 없다. 오히려 법률 전문가가 더 많이 필요할 수도 있다.

앞으로 인간의 주요한 능력 중에 하나가 '인공지능과의 협업'이다. 인공지능과 협업을 잘하는 사람이 최고 경쟁력을 갖추게 될 것이다. 그런데 인공지능과 협업을 하다가 여러 가지 문제가 발생할 수도 있다. 공장에서 인공지능 로봇과 일을 하다가 누군가 다칠 수도 있고, 인공지능이 운전을 하다가 사람을 다치게 할 수도 있다. 또한 사무직 노동자와 일을 같이 하다가 처리를 잘못해 회사에 손해를 줄 수도 있고, 원하지 않는 사람에게 판매를 해 고객의 불만을 불러일으킬 수도 있다.

앞으로 인공지능과 같이 일을 한다고 생각하면 발생할 수 있는 문제점이 수없이 많을 것이다. 회사에서 일을 같이 할 때만 문제가 발생하는 것이 아니다. 인공지능을 사용하는 소비자에게도 수많은 문제점과 의도하지 않은 상황을 발생시킬 수 있다.

가정에서 사용하던 인공지능이 실수로 아이를 다치게 했다면 이것은 누구의 문제일까? 인공지능을 만든 회사의 문제인지, 인공지능을 사용하는 사람의 문제인지 판단하기 어렵다. 왜냐하면 인공지능은 스스로 학습할 수 있는 특성이 있기 때문이다. 처음 생산할 때는 아무런 문제가 없었지만 집에서 사용하면서 자꾸 폭력적인 환경에 노출이 되어 인공지능이 폭력적인 행위를 배웠다고 하면 책임 여부를 판단하기 어렵다. 인공지능의 중요한 특성 중에 하나가 데이터로 스스로 학습하기 때문에 왜 그렇게 판단하고 행동했는지를 개발자도 모르기 때문에 원인 파악도 어렵다.

문제가 발생했을 때 법은 제조사의 책임으로 판정했다고 하자. 이 경우에 배상을 해줘야 하는데 단순히 인공지능을 구매할 때 들어갈 비용을 물어주면 되는 것인지, 기업의 경우 인공지능 로봇을 구매해 별도로 학습시키는 경우가 많은데 이 경우 학습시킨 비용까지 물어줘야 하는지, 아니면 인공지능 학습 기간 동안 생산하지 못해 발생한 손해까지 배상해야 하는지 법률적으로 복잡한 문제가 많다. 앞으로 인공지능이 발달하면 회사에서나 집에서도 인공지능 소프트웨어나 로봇을 한 개만 구매해 사용하지는 않을 것이다.

한 개의 인공지능이 발생시킬 수 있는 다양한 이슈와 문제점도 모두 다 예상하기 쉽지 않은데, 이들이 동시에 작동하면서 발생할 수 있는 문제점은 현재 시점에서는 예상하기조차 불가능하다. 그렇기에 이런 수많은 예상하지 못한 누구가의 피해와 불편을 호소하는 갈등이 늘어날 수밖에 없고 법률 전문가의 수요가 크게 늘어날 수밖에 없다. 그런데 이 모든 것이 지금은 법률적 기준이 전혀 없다. 그렇기에 법률 전문가의 필요성이 크게 늘어날 것이다.

기업은 인공지능 소프트웨어를 기획할 때부터 인공지능이 지켜야 하는 법률적 지식을 가진 사람이 데이터를 모을 때부터 법의 테두리 안에서 작업을 할 수 있게 가이드를 해줘야 한다. 예를 들어 기업에서 일하는 인공지능 로봇이라고 생각해보자. 기업에서 사람을 뽑을 때 모든 것을 고려해 사람을 뽑지는 않으며 직원에게 모든 것을 안내하지 않는다. 회사 돈을 횡령해서도 안 된다. 남을 때리면 안 된다. 복도에서 사람을 마주치면 옆으로 피해야 한다 등 지켜야 하는 것은 많지만 회사에서 이렇게 하나하나 가르쳐주지 않는다. 고등 교육을 받았을 경우 당연히 이런 것은 지킬 것이라는 믿음이 있기 때문이다. 그러나 회사에서 일하는 인공지능 로봇은 매우 복잡한 설계도에서 잘못된 부분을 잡아낼 수 있을 정도로 똑똑해 보이지만, 사람이 일하고 있을 때 바로 옆에서 진공청소기를 돌리면 실례라는 것은 모른다.

집에서 사용하는 로봇도 마찬가지이다. 사람을 때리면 안 된다. 물건을 던지면 안 된다. 잠을 자는 사람을 밟으면 안 된다 등 지켜야 하는 규칙이 셀 수도 없이 많다. 인공지능은 이런 모든 것을 사람이 학습을 시켜야 한다. 이 과정에서 도덕이나 예절에 대한 교육도 필요하지만 법률적 지식을 가진 사람의 도움이 필요할 수밖에 없다. 이런 이유 때문에 기업에서는 인공지능을 개발하기 위해서는 제품 설계 단계부터 테스트까지 수많은 법률 전문가의 도움을 받을 수밖에 없다.

기업 외 영역에서도 법률 전문가가 필요한 이유는 많다. 인공지능 소프트웨어와 로봇으로 인한 피해로 소송이 진행 중이라면 이를 처리하기 위해서도 법률 전문가는 필요하다. 또한 인공지능 로봇이 발달해 사람과 비슷해질 경우 동물 학대를 금지하는 법처럼 인공지능 로봇을 존중해주는 법이 생길지 모른다. 로봇을 정말 사랑한 나머지 자신의 재산을 상속해주고 싶은 사람도 있을 수 있을 것이다. 법률적으로 로봇에게 거액의 돈을 줘도 되는지와 함께 상속세를 내야 하는지와 같은 복잡한 문제가 발생할 것이다. 지금도 애완동물 학교가 있는 것처럼 법을 잘 지키는 로봇으로 키우기 위해 로봇 법률 학교가 생겨날 수도 있다.

인공지능 시대는 새로운 지식을 요구하는 일이 얼마든지 생길 수 있다. 즉, 사람과의 법률적 분쟁을 해결하기 위해 법을 아는 사람보다는 일상생활에서 벌어지는 수많은 일을 법률적인 관점으로 안내하는 역할로 변화할 가능성이 많다. 이처럼 인공지능 시대에는 업의 본질이 바뀌는 일이 많을 것이다. 내 일의 본질이 어떻게 바뀌는지 주시해야 한다. 하지만 비슷해 보이는 전문직의 일이지만 전혀 다른 길을 갈 가능성이 많은 직업도 있다.

예를 들어, 회계사와 세무사는 변호사와 다르게 일의 영역이 줄어들고 사회적 위상이 떨어질 가능성이 많다. 특히 세무사는 이런 흐름이 회계사보다 빠르다. 미국에서만 1만 개 이상의 지사를 가지고 있는 대형 세무법인인 H&R은 IBM과 공동으로 인공지능 세무사를 개발했다. 인공지능은 60년 이상의 세무 관련 지식과 법률을 모두 숙지했다. 역시 사람이 예상하지 못하거나 누락된 요소, 문제점 등을 빠르게 파악했다. 세무계의 '로스 인텔리전스'라고 할 수 있겠다. 변호사는 인공지능 개발에 참여하는 경우도 많아질 것이고 지금은 없는 새로운 시장도 많이 생겨날 것으로 보이지만 세무사는 상대적으로 그럴 가능성이 적다. 자신의 일이 업의 본질이 바뀌는 직업인지 점차 사라지거나 줄어들 수밖에 없는 직업인지 냉철한 판단이 필요하다.

인공지능 시대는 '없어지는 일', '변화되는 일', '새로 생기는 일'로 나누어질 것이다. 단순 반복되는 일이거나 차별화가 되지 않은 일일수록 없어질 가능성은 높을 것이다. 이 글을 읽고 있는 많은 분들은 사무직 노동자일 것이다. 많은 사무직 노동자의 일은 이 세 가지 중 '변화되는 일'이 될 것이다. 인공지능에게 어떤 일을 시키기 위해서는 명확성이 중요하다. 상사가 대충 지시를 해도 부하 직원이 그 의중과 상황을 파악해 보고서를 만들 수 있지만 인공지능은 할 수 없다. 인공지능은 완벽하게 준비된 조건에서 정확한 지시를 받았을 때 실수 없이 일을 처리할 수 있다. 사무직 노동자 업무는 '일을 정의하는 일'이 될 것이다. 어떤 일을 언제 어떻게 처리해야 하는지 체계적으로 정리하여 인공지능이나 로봇이 일할 수 있는 환경을 만드는 것이 중요한 일이다.

앞으로는 일에 대한 정의를 정확하게 할 수 있어야 하며 어떤 일을 어떻게 해야 하는지 구조화가 되어 있어야 한다. 차별화된 경쟁력을 만들기 위해서는 기존에 관성적으로 하던 일에 대한 문제 제기도 할 수 있어야 한다. 문제를 해결한 뒤 인공지능에게 지시를 해야 생산성도 크게 향상될 것이기 때문이다.

# 전문가보다 준전문가를
# 주목해야 한다

인공지능 시대에 더욱 부상할 것으로 예상되는 집단은 준전문가 집단이다. 지금도 인터넷을 통해 스스로 지식을 쌓아 전문가 못지않은 실력을 갖춘 사람이 많다. 이들은 독학을 하거나 유튜브, 카페, 블로그 등에서 관련 지식을 다양하게 쌓으며 온라인을 무대로 활동하고 있다. 하지만 이렇게 배운 지식은 체계적으로 실무에서 배운 것이 아니며, 기관이나 대학 등에서 자격증이나 학위를 공식적으로 받는 것도 아니다. 하지만 인공지능 시대에는 이러한 준전문가도 공인된 전문가 못지않게 실력을 발휘할 수 있는 기회를 얻게 될 것이다. 인공지능을 통해 업무의 속도가 빨라지고 자신의 장점을 살린다면 기존의 유사한 서비스와는 다른 개성 있는 서비스가 나올 수 있다. 또한 '글로벌 1인 기업'도 충분히 가능하다. 인공지능의 발달로 자동으로 번역과 고객 응대가 되며, 반복적인 업무를 RPA를 통해 처리할 수 있다. 또한 3D 프린터를 이용해서 생산력을 높일 것이다.

개인은 핵심 업무에만 집중을 하는 '글로벌 1인 기업'이 크게 늘어날 것이다. 이는 개인의 위기와는 상반된 이야기일 것이다. 오히려 인공지능을 현명하게 잘 사용해 기존에는 상상하지 못하는 영역에 도전해 큰 성공을 이룰 수 있다. 이미 국경의 장벽은 사라지고 있으며 번역 기술의 발달로 언어의 장벽도 무의미해지고 있다. 이미 유튜브 댓글에 자동 번역 기능을 제공해 전혀 다른 언어를 사용하는 사람끼리도 대화가 가능한 세상이다.

인공지능의 발달은 인터넷만 연결된다면 바다 건너에 있는 사람과도 친구처럼 느끼며 대화할 수 있다. 곧 가상현실 서비스를 통해 언어가 달라도 마주 앉아서 대화하는 일이 멀지 않아 보인다. 페이스북의 VR 서비스를 살펴보면 중앙에 있는 구슬을 잡으면 자신이 있는 공간이 바뀐다. 갑자기 바닷속이 되기도 하고, 우주 공간이 되기도 하면서 친구를 만나고 이야기를 나눌 수 있다. 옷장에서 머리띠를 꺼내서 머리에 쓰면, 그 모습을 그대로 친구가 보게 된다.

영화 〈킹스맨〉을 보면 회의를 하기 위해 안경을 쓴다. 그러면 다른 지역에 있는 사람들이 나와 같은 테이블에 앉아 있게 되어 회의를 할 수 있다. 이 역시도 단순히 영화에서나 가능한 이야기가 아니다. 이미 국내 통신사가 벤처기업과 협업해 서비스를 개발하고 있으며 아직은 일부 어색함은 있지만 시연이 가능할 정도의 수준까지 와 있다. 이런 기술적 발달 과정을 보면 앞으로 공간의 제약은 크게 사라질 것으로 보인다. 과거 교통이 발전하기 전에는 지역 시장에서 모든 경제 활동이 이루어졌고, 그만큼 자신의 고향과 가문 등이 중요했었다. 하지만 현재는 돈을 벌기 위해 지역에 국한되어 있을 필요가 전혀 없다.

지금은 국가보다 자신이 활동하는 인터넷 커뮤니티에 소속감과 충성심을 더 느끼는 사람이 많아졌다. 특히 가상현실 기술의 발전으로 더욱 가속화될 것으로 예상된다. 인도는 바로 이런 흐름이 일어나는 대표적인 국가이다. 인도 개발자가 인도 내에서 일어나는 정치, 사회적 문제보다는 미국 IT 정책에 대해서 더 관심이 많다. 더 나아가 미국 IT 개발자와 인터넷을 통한 교류를 늘리면서 자신이 인도인이라는 정체성보다는 IT 개발자라는 정체성에 더 큰 무게를 두고 있다. 이는 곧 자신이 속한 인도 사회보다는 한 번도 가본 적이 없는 미국 실리콘밸리에 대해 더 큰 소속감을 느끼고 있다는 것이다.

일반적인 번역, 세무, 배송 등의 업무를 모두 인공지능의 도움을 받고 자신의 강점과 개성을 살린 글로벌 1인 기업이 앞으로는 더 늘어날 것으로 보이며, 이런 개인기업가를 지원하는 다양한 프로그램과 서비스가 등장할 것으로 보인다. 인공지능 시대에 개인이 위기일 수도 있지만 인공지능의 도움을 잘 받는 개인이 오히려 큰 기회를 만들어낼 수 있다.

# 일하는 방식은 어떻게
# 변화하나?

인공지능 시대에 생존하기 위해서는 인공지능이 사람의 일자리를 빼앗는다는 생각보다는 똑똑한 조수를 고용할 수 있는 '생산의 민주화' 세상이 열렸다고 생각하는 것이 중요하다. 예를 들어, 전에는 그림을 그리거나 소설을 쓰기 위해서는 타고난 재능과 함께 많은 노력이 필요했다. 그래서 예술 활동으로 돈을 벌 수 있는 사람은 많지 않았다. 하지만 이제는 누구나 똑똑한 인공지능을 통해 그림이나 소설을 작품으로 남길 수 있어서 돈을 벌 수 있는 가능성이 열렸다고 말한다.

글을 혼자서 쓰는 것이 아니라 인공지능이라는 조수가 있으니 협업이 가능해진 것이다. 지금은 혼자서 자료 조사를 하고, 스토리를 짜며 문장도 써야 하기 때문에 시간도 많이 걸리지만

GPT-3와 같은 프로그램을 쓰면 적당한 문장을 추천까지 해준다. 또한 인공지능 소프트웨어가 문법에 맞게 교정도 봐주어 탈고할 때도 시간이 절약된다. 그러나 모든 분야의 글을 동일한 스타일로 쓸 수는 없다. 소설과 광고글은 분명히 다르다.

오토믹리치(Atomic Reach)는 상업적인 글을 쓰는 소프트웨어이다. 만약 대중적인 글을 잘 쓰고 싶다면 이와 같은 프로그램을 이용해보는 것도 좋다. 알고리드미아(Algorithmia)는 보도자료와 홍보물 등 글쓰기에 최적화된 프로그램을 개발 중이다. 이미 워드스미스가 1년에 2억 개 이상의 기사를 쓰는 것에서 볼 수 있듯이 사실 위주의 글쓰기는 인공지능을 따라갈 수 없다. 인공지능이 지금은 수치화되어 있는 데이터를 보고 글을 쓰지만 앞으로는 수치화 되지 않은 내용을 보고 글을 쓰고 말을 할 수도 있다.

예를 들어, 전국의 주요 CCTV를 분석해 교통 상황을 생중계할 수도 있고, 경기장에 설치되어 있는 카메라를 실시간으로 분석해 중계를 할 수도 있다. 하지만 아직 인공지능이 스토리를 만드는 능력은 사람을 흉내 내는 수준이며 인간의 창의성을 따라오기는 힘들다. 자료 조사와 윤문과 같은 일은 인공지능에게 넘기고 사람은 창의성과 스토리 구상에 더 많은 시간을 보내야 할 것이다.

과거에는 한 가지의 일을 깊게 잘하는 사람이 인정받았지만 이제는 인공지능과 협동하면서 창의적인 일을 다양하고 빠르게 처리하는 능력이 중요하다. 내가 인공지능을 이용하는 사장이며, 인공지능은 직원이 되는 것이다. 인공지능이 사람의 일자리를 빼앗을 것이라고 걱정만 할 수는 없다. 마치 컴퓨터가 보급될 당시 나이든 사람 중 일부가 요즘 젊은 친구들은 컴퓨터도 잘하고 영어도 잘한다고 걱정하던 것과 비슷한 일이다. 나이 어린 사람도 컴퓨터와 영어를 처음부터 아무 노력 없이 배운 것은 아니다. 취업 시장에 뛰어들기 위해 노력한 결과임을 잊지 말아야 할 것이다.

인공지능의 발전 속도가 빠르다고 두려워할 것이 아니라 협동하며 경쟁할 준비를 하면 된다. 인공지능과 협동하고 경쟁하는 방향은 이미 프로 바둑 기사 사이에서 점차 확산되고 있다. 보수적인 분야였지만 알파고로 충격을 받은 바둑계는 어떤 분야보다 빠르게 인공지능에 적응 중이다.

세계 바둑 1인자 '커제(柯洁)'는 인터뷰에서 대부분의 프로 기사가 인공지능 바둑 프로그램으로 연습을 하고 있다고 이야기했다. '인공지능 프로그램을 이용해야만 자신의 장단점을 파악해 바둑에 대한 이해를 할 수 있다.'라고 이야기했다. 앞으로 인공지능을 이용히는 사람과 그렇지 않은 사람에 대한 실력과 생산성 차이는 크게 벌어질 것이다.

동영상 편집 프로그램으로 동영상을 만들 줄 아는 것도 중요하지만 더 중요한 것은 자신만의 콘텐츠가 있는 동영상을 만들 수 있는지가 중요하다. 이처럼 인공지능의 기본 기능을 충분히 숙지한 뒤에 자신의 업무에 이를 어떻게 활용할 것인지 고민하는 것이 더욱 중요하다. 마치 사장이 어떤 일을 할지 목표를 명확하게 결정해야지만 직원에게 정확한 지시를 해 효율적인 업무를 할 수 있는것과 마찬가지이다. 나는 빠른 판단과 결정에 더 집중해야 한다. 인공지능이 일을 빠르게 처리해 오고 그다음에 어떤 일을 하냐고 물어보면 나는 고용주로 인공지능에게 다음 일을 시키는 것이다. 그러면서 최고의 생산성을 만들어내는 것이다.

2019년 8월 '법률인공지능 콘퍼런스'가 열렸다. 이 행사 중에 계약서 분석과 자문을 다루는 경진대회가 있었는데 특이한 것은 인공지능과 함께 참여해도 된다는 조건이었다. 대신 팀은 두 명으로 구성해야 하는데, 인공지능도 1명으로 계산하기 때문에 인공지능과 함께 참여하면 혼자서 경진대회에 참여해야 하는 것이다.

경진대회는 변호사로만 구성된 아홉 개 팀이 있었고, 사람과 인공지능이 함께 참여한 팀이 세 팀이었다. 경진대회에서 출제한 문제는 근로기준법에 대한 것이었다. 각 팀은 출제된 세 개의 근로계약서의 검토 결과를 보고서로 작성해 누가 가장 자문을 잘했는지를 겨루는 행사였다. 행사 결과는 놀랍게도 1등부터 3등까지 모두 인공지능을 활용한 팀(혼자 인공지능을 이용한 사람)이 차지했다. 사람으로만 구성된 변호사 팀을 이긴 것이다.

인공지능을 사용하는 것이 변호사가 작업하는 것보다 훨씬 효율적이라는 것이 증명된 것이다. 더 놀라운 것은 3위를 차지한 팀이었는데 참가자는 법률 전공자가 아니라 물리학을 전공한 대학생이었다. 법률적인 지식이 없는 상태에서 인공지능이 제안해주는 내용을 바탕으로 검색을 하면서 보고서를 썼는데 변호사 두 명이 참가한 팀을 모두 이긴 것이다.

인공지능과 협업이 대세가 될 것을 암시하는 예는 또 있다. 우리나라가 알파고로 충격을 받기 전에 바둑보다 더 쉽게 정복 가능한 체스는 이미 1997년에 IBM 딥블루라는 인공지능에게 먼저 패배했다. 이후 사람들은 체스를 시시하게 생각하며 멀리했고, 체스 경기에 스폰서가 안 붙어 대회를 개최하지 못하거나, 광고가 안 붙어 TV 중계를 중단하는 일이 발생했다. 그래서 체스계는 마지막이라는 생각으로 도전적인 시도를 했다.

2005년 프리스타일 체크 경기가 생겼는데 위에 '법률인공지능 콘퍼런스'처럼 사람과 인공지능이 함께 참여할 수 있었다. 인공지능이 지금처럼 발달되지 않았던 2005년임에도 불구하고 우승은 역시 인공지능과 함께 한 팀에게 돌아갔다. 이후 체스는 인공지능과 함께하는 경기가 대세가 되어 가고 있다. 인공지능과 함께하는 경기가 그렇지 않은 경기에 비해 수준이 높기 때문이다.

이런 결과를 보았을 때 앞으로 추구해야 하는 생존 전략에 대한 힌트를 얻을 수 있다. 사람과 인공지능이 조수 혹은 협업자의 관계를 넘어 한 팀이 되어야 경쟁에서 이길 수 있다.

# 전문성을 추구하는 방법을 바꿔야 한다

인공지능 시대에도 전문성은 중요하다. 하지만 너무 한 분야만 집중하는 전략은 인공지능 시대에서는 위험하다. 회사의 대표나 직원이 너무 한 분야에만 파고들어 시장의 변화에 적절하게 대응하지 못할 수 있기 때문이다.

하이패스의 발달로 고속도로에서 일하는 수납원의 일자리가 위협받았다는 것처럼 기술의 발달로 자신의 일자리가 위태로울지 모른다. 그래서 조금 다른 전문성을 확보하는 것이 중요하다.

프린스턴대학교에서 '기업가 정신'을 강의하는 팀 페리스 교수가 쓴 《타이탄의 도구들》에 소개된 스콧 아담스(scott adams)의 충고도 인공지능 시대에 살아가는 데 매우 좋은 전략이다. 스콧 아담스는 1989년부터 '딜버트'라는 신문 연재만화를 그렸는데 57개 나라와 2,000개가 넘는 신문에 소개되었다. 책으로도 나와 100만 권 이상 판매된 베스트셀러이기도 하다.

만화 속의 주인공 '딜버트'는 아이큐 170의 천재이지만 회사에 쉽게 적응하지 못하는 사람이었다. 아이큐는 좋지만 융통성이 없고 시니컬한 그를 통해 직장생활의 씁쓸한 현실이 전 세계인의 공감을 받아 큰 관심을 받았다. 현재는 딜버트 닷컴에 접속하면 무료로 그의 만화를 볼 수 있으며, 지금도 거의 매일 연재되고 있다. 큰 성공을 한 사람의 성공 비결을 분석한《타이탄의 도구들》이란 책을 보면 스콧 아담스는 자신의 성공 비결을 2개 이상의 전문성을 가졌기 때문이라고 이야기한다. 그의 그림 실력은 본인이 생각해도 최고 수준이 아니라고 이야기한다. 잘 그리는 편이긴 하지만 일반인에 비해 잘 그리는 것이지 전문 작가들 사이에서는 두드러지지 못한다고 말했다. 딜버트가 사랑받은 시너컬한 유머도 사실은 자신이 생각해봐도 특출하지 않다고 말한다. 재미있기는 하지만 자신보다 유머 감각을 가진 사람은 많다고 이야기한다. 하지만 성공할 수 있었던 이유는 그림도 그릴 줄 알고 유머 감각도 자신만큼 있는 사람은 찾기 힘들다고 이야기한다.

인공지능이 발달함에 따라 한 분야를 깊게 파면서 전문성을 강화시키는 전략은 분야에 따라 다를 수 있지만 대부분 지금보다 위험성이 증가할 수밖에 없다. 지금도 새로운 기술의 도입으로 인해 기술의 전문성이 무의미해지는 경우를 발견한다. 예를 들어 10년 전까지만 해도 우리나라와 다르게 고급 교통 수단인 런던 택시를 운전하기 위해서는 자격증 따기가 매우 어려웠다. 평균 3~4년을 고시 공부하듯이 해야 합격할 수 있었다고 한다. 복잡한 런던의 길을 모두 외우고 있어야 택시기사가 될 수 있었다. 하지만 네비게이션이 등장하자 이런 이야기는 사라졌다. 또한 앞에서 설명한 '로스 인텔리전스'를 보아도 그동안 엄청난 노력을 들여서 힘들게 외워 놓은 법률 지식의 중요성이 떨어지고 있다는 것을 알 수 있다.

인공지능이 발달하면서 사회의 변화 속도는 더욱 빨라질 것이다. 그렇기 때문에 한 분야만 계속 고집하는 전략은 특수한 분야를 제외하고는 위험성이 커질 수밖에 없다. 사회의 빠른 변화 속도를 이기기 위해서는 파도를 헤쳐 나가려는 바이킹이 아니라, 파도를 타고 다니는 서퍼가 되어야 한다. 이를 위해서는 자신이 잘하는 분야를 2개 이상 개척해야 한다. 기존에는 한 분야를 깊게 파기 위해 100%의 노력을 했다면 이제는 2~3가지 분야를 적당한 분량으로 나눠서 노력하는 것이다.

예를 들어 그림 그리는 것을 70%의 노력을 들이고, 30%를 경제학을 공부해 경제를 이해하는 미술가가 되는 방식이다. 인공지능 시대에는 직업의 유연성이 매우 중요하다. 즉 언제라도 변신할 수 있는 전략적 무기를 2개 이상 가지고 있는 것이 중요하다.

　두 개 이상의 전문성은 시장 변화에 따른 개인적인 대비라는 측면뿐만 아니라, 회사 내에서 생존하는 데 큰 도움을 줄 것이다. 혼합적 지식을 통한 융합적 결과물을 만들어내는 인재가 중용될 수밖에 없다. 빅데이터와 인공지능라는 것은 기본적으로 분석과 예측을 기본으로 하고 있다. 이는 두 가지 특성을 지닌다. 데이터의 종류가 특정 분야라는 점이다. 데이터는 동질성을 기본으로 하고 있다.

　엑셀에 10만 건의 자동차 부품에 대한 정보가 정리되어 있을 경우 관련 일을 하는 사람은 이를 분석해 활용할 수 있을 것이다. 하지만 인터넷에서 아무 사이트나 돌아다니면서 다운받아 놓은 데이터를 단순히 엑셀에 붙여 놓았다고 하면 100만 건의 데이터가 있다고 해도 아무 쓸모가 없는 것과 비슷하다.

　앞으로 빅데이터와 인공지능은 데이터를 기반으로 특정 분야에 대한 예측과 분류를 잘하는 방향으로 발전할 것이다. 하지만 데이터를 기반으로 한다는 특성상 이종 간을 넘어 다니면서 작업을 하는 것은 쉽지 않다. 인간은 '이종 간의 결합'을 하는 일에 가치를 올려야 할 가능성이 높다. 그래서 요즘 해외에서는 혼합 교육이 크게 주목받고 있다.

가장 쉬운 것은 교육 방식의 혼합이다. 온라인과 오프라인을 혼합해서 교육받는 것이다. 그러나 현재 우리나라에서 많이 하고 있는 것처럼 학교에서는 선생님에게 오프라인으로 교육받고, 집에 와서는 패드나 컴퓨터를 통해 온라인 교육을 받는 것을 뜻하는 것이 아니다. 학교에서 자신의 수준에 맞는 온라인 수업을 자신이 선택해 각자 들으며, 필요하면 앞에 서 있던 선생님에게 질문을 하는 방식이다. 한 반에 같이 있어도 모두 다른 수업을 듣는 것이다. 어떤 수업을 들어야 하는지 모르는 학생을 위해서 선생님은 학생과 상담을 하며 코칭하는 일에 집중하게 된다.

학습 주제별 혼합도 있다. 지금은 건축학, 심리학, 물리학, 사회학 등을 따로 교육받고 있지만, '행복한 집은 어떻게 만들 수 있는가?'라는 수업을 듣는 것이다. 이를 위해서 건축학, 심리학, 물리학, 사회학 등의 수업을 혼합해 들으며 각자의 생각과 의견을 정답이 없이 발전시켜 나가는 방식이다.

이론과 현장을 혼합하는 교육법도 있다. 지금처럼 이론 수업 후 마지막에 적당히 실습을 하는 방식이 아니라, 현장에서 이론 수업을 듣거나, 현장 경험을 먼저 한 후에 이론 수업을 들으면서 내가 놓치고 실수한 부분이 무엇인지 고민할 수 있다. 이를 통해 융합 능력을 키울 수 있다.

혼합 수업을 통해 얻은 다양한 지식과 생각하는 능력은 하나로 융합된 독창적인 지식을 만들 수 있다. 앞으로의 인공지능은 누구나 이용 가능하기 때문에 유사 제품이 쏟아져서 그 가치는 더 떨어질 수밖에 없다. 오직 독창적인 성과물을 만들어내는 사람이 더욱 인재로 인정받고 사회적으로도 성공할 가능성이 클 것이다.

혼합 교육의 방식 중 하나는 거꾸로 교육이다. 당연하다고 생각하는 기존 수업 방식을 거꾸로 해보는 것이다. 학생이 스스로 공부한 후 선생님을 가르쳐본다든가 하는 방식으로 거꾸로 된 교육 방법을 통해 새로운 시각과 다양한 지식으로 생각하는 힘을 키워주는 방식이다.

# 인공지능과
# 인간의 차이

흔히 간과하기 쉽지만 인공지능이 못하는 일은 무엇일까? 너무나 당연해서 고려하지도 않는 '일을 하는 것이다.' 앞에서 설명한 《마음의 아이들》의 저자인 한스 모라벡(Hans Morave)의 말 중 너무나 유명해 '한스 모라벡의 역설'이라고 지칭하는 말이 있다. 인공지능과 로봇 분야를 합쳐서 가장 유명한 말 중 하나이다. 그는 "인간에게 쉬운 일은 컴퓨터(인공지능)에게는 어렵고, 컴퓨터(인공지능)에게 쉬운 일은 인간에게는 어렵다."라고 이야기했다. 사람은 여러 물건이 앞에 있을 경우, 일부분만 보여도 어렵지 않게 짐작할 수 있다. 길 건너 누군가 지나가고 있는데 그 사람과 나 사이에 자동차가 지나가면 길 건너 사람이 보이지 않을 것이다. 우리는 누구나 그 사람이 지구상에서 사라진 것이 아니라 몇 초 후에 차가 지나가면 다시 내 눈에 보일 것이라는 것을 어렵지 않게 알 수 있지만, 인공지능은 그렇지 않다. 인공지능이 대단한 것 같아도 수백 억 원의 슈퍼컴퓨터에 탑재된 인공지능도 인간이라면 누구나 알고 있는 다양한 상식의 1%도 알지 못한다.

또한 사람처럼 자연스러운 움직임도 아직은 매우 어렵다. 구글 자회사로 유명했고 현대자동차가 인수해 더욱 유명해진 '보스턴 다이나믹스(Boston Dynamics)'가 과거와 비교할 수 없는 자연스럽게 움직이는 로봇을 선보여 놀라움을 주기도 했다. 하지만 아직은 특수한 분야에서 일을 할 수 있을 뿐 수많은 다양성이 존재하는 현실 세계에서 할 수 있는 일은 많지 않다.

2019년 월마트는 수천 대의 로봇을 사람을 대신해 각종 청소와 주문, 재고 관리 등을 시켰다. 로봇이 드디어 사람의 일을 모두 빼앗았다고 생각했지만 곧 해고되었다. 사람이 있을 때도 가까이 다가오거나 사람을 향해 직진을 하는 등 돌발행동으로 인해 고객들의 불편 사항이 접수되었기 때문이다.

로봇은 정해져 있는 환경에서 정해진 업무를 하는 것은 어렵지 않겠지만 융통성이 필요한 현실세계에서 자연스럽게 움직이며 일을 하는 것은 쉬운 일이 아니다. 이에 비해 인공지능은 사람이 못하거나 하기 힘든 일은 매우 쉽게 한다. 수식을 계산하는 것은 이미 3,000원에 불과한 전자계산기를 사람이 따라 잡기에도 불가능하다. 사람은 이미 오래 전 전자계산기와 계산 분야에서 계산기의 경쟁은 포기했다. 계산 분야에게 경쟁해 먹고 살려고 하는 사람은 유튜버 외에는 없다.

인공지능의 분석, 예측 능력은 사람이 흉내 내기에도 어려울 정도로 뛰어나다. 지금 전 세계적으로 관심을 받는 인공지능 기술도 예측과 분류를 응용한 것이다. 분류는 다양한 데이터를 어떤 종류로 나누는 것이다. 예측은 대표적으로 회귀분석이 있는데 데이터의 특징을 파악해 추세를 파악하는 것이다.

한스 모라벡의 역설이 결국은 생존 전략을 알려주고 있다. 로봇이 잘하고, 사람이 잘하는 일이 따로 있다. 중요한 것은 인공지능과 로봇은 스스로 일을 시작하지도 못하고 마무리도 못한다. 인공지능과 로봇은 수동적인 존재일 뿐 능동적으로 일을 하지 못한다. 빅데이터를 활용해 인공지능과 로봇이 업무에 도움을 줄 수 있을지 몰라도 일이 추진되게 만드는 수많은 일을 이들이 직접 하지는 않는다. 일이 성사되고 만들어지기 위해서는 사람의 손길이 반드시 필요하다. 그리고 여기에는 경험과 노하우라는 것이 반드시 필요하다.

해외에서는 디퍼 러닝(deeper learning)이라는 교육법이 인공지능 시대에 좋은 교육법이라고 주목받고 있다. 학교에서는 대부분 피상적으로 가르치거나 실습을 한다고 해도 낮은 수준의 체험으로 끝나는 경우가 대부분이다. 하지만 디퍼 러닝은 기업처럼 실제 성과를 내는 것이 가장 중요하다고 생각하는 교육법이다. 예를 들어, 소프트웨어 개발 수업에서는 단순하게 툴 사용법과 알고리즘을 배우는 것이 아니라, 프로그램을 직접 만들어서 시장에 출시하고 홍보와 마케팅도 직접하며 경험을 쌓는 교육이다.

인공지능 시대에 적응하기 위해서는 실행력이 중요하다. 물론 과거에도 중요했고 현재도 실행력은 중요하다. 하지만 과거에는 개인이 혼자서 할 수 있는 것이 많지 않았다. 하지만 점차 인공지능이라는 좋은 파트너가 생기고 있다. 간단하지만 인공지능 조수를 활용해 작지만 성과를 내는 도전 정신이 필요하다.


회사에서 모든 사람의 일 처리 방식이 다르듯이 인공지능도 활용하는 방법과 스타일이 모두 다를 것이다. 앞으로 사무직의 일자리가 도덕의 수식화를 통해 인공지능을 교육시켜 일을 시킨다고 하면 앞으로의 현장 업무는 '관리자 되기'와 '파트너십 맺기'로 요약할 수 있다. 관리자는 인공지능에게 일을 시켜 놓고 방향성만 알려주며 관리하는 것이다. 건물 전체의 인공지능 로봇 수십 개를 두고, 일을 제대로 하는지 감시하고 방향성을 제시하는 일이다.

외국계 컨설팅 기관에서 발표한 자료를 살펴보면 인공지능 시대에 없어질 직업이라고 생각했던 것 중에 의외로 살아남은 직업이 많다. 다만 뒤에 '관리자'라는 단어가 붙어 있다. 건물 관리 관리자, 소방·방재 관리자, 방범 관리자 같은 일들이다.

만약 자신의 일이 로봇이나 인공지능 소프트웨어로 인해 대체될 가능성이 높다면 최대한 빨리 관리자로 올라가야 한다. 그래야 생존 가능성이 높아진다. 대부분 생존 가능성은 직급이 높아지면서 떨어지는데 이런 일들은 오히려 직급이 높아져야 생존 가능성이 높아지는 특성이 있다.

또 다른 전략인 '파트너십 맺기'는 일을 시켜 놓고 방향성을 결정하는 것이 아닌, 옆에서 도와주는 것이다. 마치 로봇 청소기가 청소를 하기 위해서 사람이 미리 물건을 정리를 하고, 동선을 확인해서 불필요한 물건을 미리 치워주는 것이다. 앞으로 많은 일이 여기에 해당될 것으로 보인다. 인공지능의 관리자되기와 파트너십 맺기에 포함되지 않는 직업은 사라질 위험성이 크다. 내가 하고 있는 업무에서 관리자 되기와 파트너십 맺기 전략 중 어떤 것이 가능한지, 그러기 위해서는 어떤 준비를 해야 하는지 고민하는 것이 미래를 위해 현명하다.

# 주목할 만한
# 인공지능 기술과 회사

모든 것이 인공지능으로 할 수 있을 것처럼 보이고, 모든 것이 개발되고 있는 것처럼 보이지만 그렇지 않다. 인공지능 시대를 준비하는 자세 중 중요한 것은 세계적으로 주목받는 인공지능 회사를 살펴보는 것이다. 해당 기술이 어떤 기술인지 자세히 알면 좋겠지만 꼭 그럴 필요는 없다. 하지만 그 기술이 어떤 목표를 향해 도전하고 있고 그 도전이 어느 정도 성과를 내고 있는지 정도는 가끔씩 신문 기사를 찾아보는 정도로 충분하다. 그것이 인공지능의 한계와 가능성을 동시에 짐작할 수 있으며, 미래를 대비하는 데 도움이 될 것이다.

사람은 사진과 동영상을 볼 때 보이지 않는 부분을 이해할 수 있으며 평평한 이미지를 가지고 3D로 이해할 수 있다. 사진에서 몸통은 하나인데, 얼굴이 두 개라고 하면 앞에 사람이 뒷사람을 가리고 있어서 그렇게 보인다고 생각하지 얼굴이 두 개라고는 생각하지 않는다. 또한 사진에 가방은 보이는데 손이 안 보인다고 손이 없다고 생각하지는 않는다.

사진과 동영상은 우리가 살고 있는 3차원의 공간을 평평한 1차원의 공간으로 만든다. 이 현상이 불편하지 않으며 머릿속으로 3차원으로 해석하며 사는 데 아무런 불편함이 없다. 하지만 인공지능은 그렇지 않다. 인공지능에게 강아지를 학습시키기 위해서는 강아지만 있는 이미지를 입력해야 한다. 하지만 현실에서는 강아지와 고양이만 있는 경우는 없으며 얌전하게 나를 바라보며 있는 경우도 드물다.

메타마인드(metamind)는 이미지 인식에 전문성이 있는 회사다. 특히 부피가 있는 3차원 이미지를 인식하고 이해하는 데 경쟁력이 있다는 평가를 받는다. 창업자인 리차드 소쳐(Richard Socher)는 스탠포드 대학교 박사 과정에 있으면서 세계 3대 인공지능 전문가 중 한 명이라고 인정받는 앤드류 응(Andrew Ng) 교수 밑에서 연구를 진행하면서 논문을 냈다.

이 논문을 바탕으로 회사를 설립한지 4개월만 100억 원에 가까운 돈을 투자 받으며 업계의 주목을 받았다. 결국 세계에서 가장 큰 기업 소프트웨어 회사 중 한 곳인 SAP에 인수되었다. 아직은 3차원 이미지 인식을 제대로 하는 회사가 없지만 메타마인드 같은 회사가 계속 기술 개발을 할 경우 인식 수준이 높아질 것으로 예상된다.

세상에는 언제나 불가능한 것을 도전하려는 사람이 있다. 그리고 이런 도전이 성공할 것 같으면 많은 투자자가 붙는다. 아마존의 제프 베이조스, 페이스북의 마크 주크버그, 테슬라의 앨런 머스크 같은 유명인 뿐만 아니라 우리나라의 삼성까지도 앞다투어 투자를 한 회사로 비카리우스(vicarious)가 있다.

인공지능을 학습시키는 방법은 불필요한 다른 이미지를 모두 제거한 정제된 사진으로 하는데, 비카리우스는 이런 학습법을 거부한다. 비카리우스의 구체적인 인공지능 학습법은 알려지지 않았지만 성과는 알려졌다.

사이트를 가입할 때 보여지는 이미지 캡차(CAPTCHA)는 복잡하게 꼬아서 만든 이미지로 사람만 인식할 수 있으며 컴퓨터는 그동안 이해할 수 없었다. 하지만 비카리우스는 이 캡차 이미지를 90% 해독할 수 있다고 발표했다. 이는 세계적으로 큰 주목을 받았다.

인공지능 기술에 관심이 있는 사람은 단순히 정부와 기업뿐만이 아니다. 불법적인 스팸 메일을 계속 보내는 것부터 사람을 흉내 내어 보이스피싱을 하거나 다양한 범죄에도 이용될 수 있기 때문에 비카리우스가 캡차를 뚫었다는 소식은 기술의 장단점에 대한 관심을 더욱 불러일으키며 그들을 유명한 회사로 만들었다.

페이스북은 인공지능을 이야기할 때 빼 놓을 수 없는 회사이다. 페이스북에서 만든 대표적인 인공지능은 '딥페이크(deep fake)'이다. 기능의 강력함과 활용 가능성으로 인해 언론을 통해 부정적 내용이 보도되면서 많이 알려졌다. 동영상에 다른 사람의 얼굴을 합성할 수 있는 특징이 있다.

영상을 여러 언어로 만들고 싶을 경우 다른 사람의 입모양에 나의 얼굴을 합성하거나, 내가 하긴 어려운 동작을 다른 사람이 대신해주고 얼굴을 합성할 수 있다. 그래서 긍정적인 활용도 가능하지만 음란물에 얼굴을 합성하는 일 같이 개인에게 큰 피해를 줄 수도 있다. 또한 조작과 선동으로 악용될 수도 있다. 2018년 버락 오바마 대통령이 트럼프 대통령을 비판하는 동영상이 올라왔는데 알고 보니 딥페이크로 합성한 영상이었다.

인공지능의 한계를 이해해 인공지능이 하기 어려운 일을 도전하는 방법도 있지만, 많은 경우 인공지능을 활용하는 방법이 현실적이다. 앞으로 인공지능은 네이버와 카카오톡을 이용하는 것처럼 흔한 일이 될 것이다. 대표적으로 구글 포토를 살펴보자. 편리한 것 중에 하나가 사람별로 구분해서 볼 수 있는 기능이다. 사진만 찍어서 구글 포토에 올려놓으면 사람별로 분류를 해준다.

사람을 클릭하면 그 사람이 나온 모든 사진을 순서대로 보여준다. 신기한 것은 아이일 때 모습과 현재의 모습이 완전히 다르지만 시간 관계까지 파악해 동일한 사람을 잘 묶어준다. 만약 구글이 파악하기 어려운 사람이 나오면 '이 사람이 이 사람 맞나요?'라고 물어본다. 이럴 경우만 대답을 해주면 이 대답을 바탕으로 더욱 정확하게 사람을 묶어준다.

현재 구글 포토에서만 이런 기능을 이용할 수 있지만, 이 기능은 응용 가능성이 매우 높다. 예를 들어 회사 보안 프로그램에서 사람을 구분할 수 있다면 보안 완성도가 크게 오른다. 직원이 아닐 경우 즉시 이상 신호를 알려줄 수도 있을 것이다. 하지만 이런 기능을 구현하기 위해 회사가 사람 얼굴을 인식하는 인공지능 프로그램을 개발하는 것은 결코 쉬운 일이 아니다. 이렇게 공통적으로 많이 사용하는 인공지능 기술을 제공해 다른 회사들도 자유롭게 사용할 수 있게 공유하는 회사가 늘어나고 있다.

대표적으로는 아마존의 레코그니션(rekognition)이 있다. 보유한 DB를 연동해 구글 포토처럼 사람을 인식해 분류를 한다. 조금 더 발전한다면 별도의 사원증이 필요 없을 수도 있다. 사람마다 구분이 가능하기 때문에 접근 권한이 있는 사람이 접근할 때만 문이 열리고 그렇지 않은 사람이 접근하면 가두는 시스템도 구현 가능하다.

그 외 기본적으로 사물, 상황 등을 인식한다. 자동차의 종류도 인식할 수 있다. 요즘 아파트에서는 지하 주차장에 들어갈 수 없는 트럭을 지상 주차장의 전용 공간으로 쓸 수 있게 해주는 경우가 많다. 승용차는 주차를 못하게 한다. 지금은 사람이 정기적으로 돌아다니면 승용차가 주차했을 경우 빼 달라고 전화를 하는 방식이지만 레코그니션을 이용했을 경우 자동으로 안내 방송이 나가게 시스템을 구성할 수 있다.

또한 글자도 인식할 수 있어 종이에 고객이 쓴 문서를 일일이 전산시스템에 입력을 해야 하는 업무가 있다고 하면 사진만 찍으면 자동으로 전산 시스템에 입력되게 하는 프로그램을 개발할 수도 있다. 기존 전산 시스템에 연결할 수도 있을 것이다. 사람과 물건의 개수를 세거나 하는 등 다양한 응용이 가능하다. 코로나 시대에 너무 많은 사람이 매장에 들어오면 위험하기 때문에 매장 내에 사람이 10명이 넘을 경우 번호표 추가 발급을 중단하거나 하는 식으로 시스템을 개선할 수도 있을 것이다.

나만의 객체를 구분할 수도 있다. 일반적으로 인공지능 학습을 하려고 하면 수만 개의 사진이 있어야 하지만, 레코그니션은 이미 학습을 많이 한 상태이기 때문에 최소한의 학습으로 새로운 학습을 할 수 있다. 모든 학습이 다 이렇게 할 수 있는 것은 아니지만 회사의 로고와 같은 비교적 난이도가 낮은 학습은 가능하다. SNS에 올라온 사진 중에 로고가 있는 사진을 구별할 수 있다. 이를 응용하면 SNS에 제품을 구매한 고객이 얼마나 관련 있는 사진을 올리고 있는지 등을 알 수 있다.

단어를 검색할 수도 있다. 수많은 사진과 동영상에서 특정 단어를 찾을 수 있다. 범죄 용의자가 아디다스 옷을 입고 있다는 제보가 있을 경우 로고로 찾을 수 있지만, 단어를 통해서도 찾을 수 있을 것이다. 유튜브를 대표로 하는 동영상 시대에 텍스트를 찾을 수 있다는 것은 생각보다 활용도가 높다.

문서에서 찾기 기능을 얼마나 많이 사용하는지 생각해보면 이해가 빠를 것이다. 아마존은 단순하게 동일한 단어를 찾는 것을 넘어 의미를 분석해 찾는 기능으로 점차 발전시키고 있다. 영상 내에 욕이 나오는 영상을 찾는다던가, 아니면 교통 신호판에 들어가 있는 글자만 인식해 장애자용 음성 안내를 만들수 있게 하는 것이다. 또한 식당에 있는 글자만 찾는 등 점차 기능을 고도화시키고 있다.

인공지능 시대의 흐름을 파악하기 위해 알아두면 좋을 회사인 메타마인트, 비카리우스, 페이스북, 아마존에 대해 살펴보았다. 한 달에 한 번이라도 신문 검색을 통해 주목할 만한 회사와 개발 상황을 살펴보면 인공지능 시대가 어디로 어느 정도로 가고 있는지 파악하는 데 도움이 될 것이다.

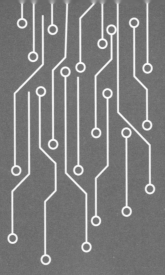

# 인공지능 시대,
# 어떻게
# 변할 것인가?

# 인문학의 수식화가
# 중요한 세상

    자동차, 화학, 정유 시대를 지나 정보통신기술의 세상이 왔다. 과학기술은 사회를 지속하는 가장 중요한 원동력이 되었다. 과학기술에 전문성이 있는 사람은 기업 경쟁력에 직접적인 도움을 줄 수 있어 몸값이 자연스럽게 올랐다. 역시 자연스럽게 공과대학의 인기는 높아졌다. 반대로 문학, 사학, 철학으로 대표되는 인문계 학과는 탁상행정으로 아무것도 생산하지 못하는 학문으로 여겨진다.

    인공지능 세상에도 기술의 중요성은 줄어들지 않을 것이다. 하지만 무능력한 학문이라고 홀대받던 인문학이 무능력한 학문이 아닌 핵심적 기술이 될 가능성이 많다. 흔히 인공지능에 관련된 일은 기술적 영역만 있는 것처럼 보이지만 기술 못지않게 중요한 다양한 인문적 영역이 있다.

　기술이 발달함에 따라 점차 인문학적 영향이 낮아지는 것처럼 보이지만 역설적으로 인공지능 시대에는 인문학적 능력이 더 중요한 능력이 될 가능성이 높다. 인문학적 능력은 그 사람의 교양일 뿐 생산성과 연결되는 경우는 드물었다. 하지만 인공지능 기술이 인간적 기능이 되기 위해서는 수많은 인문적 요소가 중요하다. 인공지능이 발달함에 따라 '인문학의 수식화'가 중요한 세상이 될 수밖에 없기 때문이다. 인문학은 우리가 관념적으로 가지고 있는 생각의 체계를 수학적으로 변환해 우선순위를 따지고 경우의 수에 따라 행동하는 방식을 정의한다.

　복잡한 공원에서 아이와 산책을 하다가 '호수에 들어가지 마세요.'라고 안내판을 보면 인공지능 로봇은 평상시에는 이 명령을 지키게 프로그래밍되어 있어 아이의 손을 잡고 돌아갈 것이다. 하지만 호수에 누군가 빠져 허우적거리고 있다면 아이의 손을 뿌리치고 인공지능 로봇은 호수로 뛰어들어야 할까?

　인공지능 로봇 업무의 제1순위는 아이를 안전하게 돌보는 것이다. 복잡한 공원에서 아이를 두고 호수로 뛰어들었을 경우 방수 처리가 안 되었다면 고장이 날 수 있고, 이럴 경우 아이를 잃어버릴 위험성이 커진다. 하지만 아이를 지키는 일 못지않게 당장 죽어가고 있는 사람의 목숨을 지키는 일도 소중하다. 이 경우 인공지능 로봇이 어떻게 행동하는 것이 옳은 것인가? 판단하기 쉽지 않다.

　설문조사에서는 사고로 배가 뒤집혀 어른과 아이가 바다에 빠졌을 경우 누구를 먼저 구해야하는지 물어보면 동양과 서양은 대답이 달랐다. 동양은 경로사상이 남아 있기 때문에 노인을 먼저 구해야 한다는 답변이 많다고 한다. 하지만 서양은 약자인 어린아이부터 구해야 한다는 의견이 많았다. 누구를 먼저 구해야 하는지를 판단하는지를 체계적으로 정리하려고 하면 경우의 수가 많을 것이다. 나이, 성별, 인종, 사회적 지위를 고려해야 할 수도 있고, 로봇이 데리고 있는 아이의 나이, 물의 깊이, 주위에 도와줄 사람이 있는지 여부 등 다양한 변수가 존재한다. 다양한 변수를 가지고 어떤 경우에는 도와주기 위해 물에 뛰어들어야 하고, 어떤 경우에는 그러지 말아야 한다. 아니면, 누군가에게 빠르게 도움을 요청해야 한다 등의 대한 설계가 필요하다. 공학이 할 수 있는 영역이 아니다. 문사철로 대표되는 인문학에서 기본 설계를 한 후 이것을 인공지능에게 가르칠 수 있도록 '인문학의 수식화' 작업이 필요하다.


　요즘은 빅데이터 시대라고 이야기한다. 하루에 생산되는 데이터의 양이 그동안 인류가 생산한 전체 데이터의 양보다 많다. 그러나 인간이 알고 있는 데이터의 0.01%도 데이터화하지 못했다고 한다. 인공지능은 좁은 길을 가다가 사람을 마주치면 왼쪽으로 비켜주는 것이 좋은지 오른쪽으로 비켜주면 좋을지 모른다. 만약 우측통행이 원칙이어서 오른쪽으로 비켜주는 것이 좋을 것 같은데, 오른쪽에 불법 주차된 차가 있으면 어떻게 해야 할지, 악수할 때 너무 세게 잡으면 부담스럽고, 너무 살살 잡으면 성의 없어 보이는 문제가 있는데 어느 정도의 강도로 상대방 손을 잡아야하는지, 명함을 주고받을 때 허리는 몇 도로 숙이면서 몇 초간 인사해야 하는지, 손은 내가 먼저 내밀어도 되는 것인지 등 세상을 살아가기 위해서 알아야 할 것이 많다.

하지만 인공지능이 자연스럽게 인간 세상에 적응해 서비스를 하려면 이렇게 명확하게 누가 알려주지 않지만 중요한 수많은 케이스를 모두 자연스럽게 처리할 수 있어야 한다. 이런 것을 인공지능이 알기 위해서는 관련 데이터를 모아야 한다. 어떤 데이터를 어떻게 모을지를 설계해야 하고, 모은 데이터 중에서 비정상적이거나 불필요한 부분을 정리해줘야 하며, 영상 데이터의 경우 주요 장면마다 수작업으로 설명을 달아주거나 자동화를 위한 설계를 해야 한다.

이 과정에서 필수적인 지식이 인문학적인 지식이며, 전문 분야에서는 관련 노하우이다. 인공지능 시대에는 예상하는 것보다 더 많은 기회와 지식이 활용될 가능성이 많다. 심지어 이것이 대단한 전문 지식이냐고 생각하는 지식까지도 인공지능은 알지 못하기 때문에 중요한 지식이 될 수도 있다. 그렇기 때문에 자신이 특정한 분야에 기술과 전문성이 있다면 좋겠지만 그렇지 않아도 실망할 필요가 없다. 기존에는 생존에 도움이 안 되는 지식이라고 생각할 수 있는 지식이 예상 외로 인공지능 시대에 큰 경쟁력이 될 수 있다. 그러기 위해서는 전문성의 깊이도 중요하지만, 나의 지식을 어디에 써먹을 수 있는지에 대해 세상의 미묘한 변화를 민감하게 바라보면서 기회를 잡는 것이 중요하다. 바람도 불고, 비도 오고, 더운 날도 있고 추운 날도 있지만 결국 봄을 지나 여름이 오고, 다시 가을과 겨울을 맞이하는 것처럼 하루하루의 변화는 크지 않고, 우왕좌왕하는 것처럼 보여도 어느 순간 당장 벗고 싶은 여름에서 당장 입고 싶은 겨울로 변화는 것처럼 자신의 분야에서 세상의 변화를 읽으면서 기회를 노려야 한다.

오늘 아침 학교에서 선생님이 자신만의 기술이라고 하면서 복잡한 배경이 있는 여자의 사진에서 머리카락을 정교하게 따서 배경과 여자의 얼굴을 분리하는 방법을 알려주었다. 그런데 저녁에 집에 와서 포토샵을 업그레이드하니 인공지능이 자동으로 정교하게 머리카락을 딴 후 포니테일 헤어스타일로 머리까지 따주는 기능이 추가되는 것이 전혀 어색하지 않은 세상이 된 것이다. 이런 시대에 중요한 것은 '얼마나 알고 있는가?'라는 것보다 '얼마나 더 알려고 하는가?'이다. 경우에 따라서는 알고 있는 것이 방해가 될 수 있다. 연속성이 있는 업무는 지식과 경험이 있는 사람이 중요하고 유리하다. 그러기 때문에 대부분의 업무는 경력자가 유리하고 기업에서 경력자를 선호하는 것이다. 하지만 기존과 단절되는 완전 새로운 일은 경험과 지식을 가진 사람이 오히려 불리한 경우도 있다. 자신이 가진 지식과 경험이 방해물이 되어 앞으로 나가는 데 오히려 발목을 잡는 것이다.

많은 스타트업이 그랬던 것처럼 전혀 새로운 관점으로 보았거나 과거에는 없던 새로운 분야에서 경험과 지식이 부족한 젊은 사람이 성과를 내는 경우가 많다. 인공지능 세상도 마찬가지이다. 과거와 다른 단절된 세상이 갑자기 열리며 계단식으로 변형이 일어날 수 있다. 자신이 알고 있는 지식을 모두 버리고 새로운 지식으로 채울 준비를 하는 사람이 가장 유리한 사람이다.

# 변화를
# 예측하는 훈련

세상이 많이 변했다고는 하지만 그래도 아직까지는 학교에서 시키는 대로 공부하고, 좋은 회사에 들어가 열심히 일하면 어느 정도의 성공은 보장되었다. 하지만 인공지능 시대에는 어떻게 무엇을 준비하면 될지 뚜렷한 답이 없다. 가끔은 현실이 예상을 뛰어넘는다.

과거에는 극소수의 사람만 농사일을 해도 식량이 남아도는 세상이 올 것이라고 예상한 사람은 없었다. 인간보다 훨씬 빠르고 힘 있는 기계가 발명이 되어 더 많은 일자리가 생겨날 것이라고 생각한 사람이 적었기 때문에 기계 파괴 운동인 러다이트(Luddite) 운동이 나타났다. 아무리 전문가라고 해도 과거에는 없었던 혁명적 사건이나 발명으로 인한 변화를 예측한다는 것은 불가능하다. 다행인 것은 인공지능의 속도가 빠르게 발전한다고 하지만 우리가 걱정하는 세상이 오기까지는 20~30년이 걸린다는 점이다.

날씨가 추워지고 있다면 주위를 살펴본 후 검은 구름이 몰려오고 있는 것을 보아 소나기인지, 지구가 태양과 멀어지고 있어 모두가 추워지고 있는 겨울인지를 파악 후 필요한 준비를 해야 한다. 그러기 위해서는 시대의 변화를 분석하는 것을 게을리해서는 안 된다. 세상이 어떻게 변하고 있는지 계속 관찰하고 내가 어떤 일을 할 수 있는지 고민하며 가치를 찾아야 한다.

인공지능 시대를 살아가기 위해서는 세상의 변화를 예측하는 훈련이 필요하다. 평상시 기술과 사회 변화를 모니터링하면서 나와 관련된 산업과 사회가 어떻게 변할지를 예상해보는 훈련을 해보는 것이다. 만약 자동차와 관련된 일을 하고 있다고 생각해보자. 인공지능의 발달로 자율주행이 인간을 대체할 정도로 훌륭하게 운전을 할 수 있게 되면 다음과 같은 변화가 예측될 것이다. 자신이 속한 업종이 어떤 변화가 올 것인지 따져보며, 이러한 변화 속에서 자신은 어떤 준비를 해야 하는지 고민해야 한다.

## 자동차 보험

앞으로 자동차 보험이 필요 없게 된다. 보통 사람들은 집에서 자동차만큼이나 위험하다고 할 수 있는 가스레인지를 사용하면서 '가스 사용자 의무 보험'에 가입하지 않는다. 또한 가스 사고가 크게 나 옆집의 피해를 보상해주기 위한 목적으로 '가스종합보험'도 들지 않는다. 보험은 원래 자율적으로 가입해야 하는 것이 정상이다. 그런데 자동차를 운전할 때는 의무적으로 보험을 들어야 한다. 사고가 나면 손해가 크고 그런 손해가 자주 있으며, 운전을 잘못한 것에 대해 자동차 회사에 책임을 묻기 힘들기 때문이다. 하지만 자율주행이 상용화되면 사고가 거의 일어나지 않을 것이다. 인간처럼 자신의 실력을 과신하다 실수를 하지 않고, 핸드폰을 사용하거나 화장이 잘 되었는지 거울을 보며 확인하는 등 딴짓을 하지 않으며, 몰래 술을 먹고 운전하지도 않는다.

사고가 발생할 경우 자율주행 운전자에게 책임을 묻기 힘들다. 자율주행하는 동안 운전석에 앉아서 드라마를 열심히 보며 눈물을 흘렸을 뿐인데 무슨 책임이 있냐고 항의할 것이다. 잘못은 자율주행 소프트웨어 버그(bug)이니 자동차 회사가 책임지라고 할 것이 뻔하다. 그렇기에 지금처럼 수많은 개인이 보험료를 내는 시기는 20년이 채 남지 않았다고 전문가들은 이야기한다. 아주 가끔씩 터지는 가스 사고처럼 가스 관련 회사가 소액의 금액만 보험에 들거나, 지금 전자회사처럼 AS 예산으로 처리해주는 방식으로 바뀔 것이다. 즉, 자동차 보험이라는 것이 극히 일부분의 영역에서만 남아 있거나 아예 없어질 가능성이 크다는 이야기다.

## 주거 산업

자율주행 기술이 발달할수록 집과 자동차의 역할은 점차 같아질 것이다. 서울 집값이 다른 지역보다 높은 이유는 무엇일까? 서울에 좋은 회사, 좋은 학교, 좋은 문화 시설이 모여 있기 때문이다. 하지만 자율주행 시대가 열릴 경우 차를 타는 것의 개념이 바뀌게 될 것이다.

자동차는 집과 달리 휴식의 공간으로 생각하지 않는다. 하지만 자율주행이 상용화되면 자동차도 집과 같은 역할을 할 수 있게 된다. 자동차가 스스로 운전을 할 수 있어서 운전자가 편안한 수면을 취할 수 있다. 메르세데스 벤츠의 모기업인 다임러(Daimler AG)의 회장 디테 제체(dieter Zetsche)는 "기술만 생각하는 이들은 자율주행이 우리 사회를 어떻게 변화시킬지 아직 깨닫지 못하고 있다. 자동차는 운송수단을 넘어 드디어 움직이는 주거지가 되고 있다."라고 말했다.

벤츠의 이상을 실현하기 위해 개발한 콘셉트 차가 'F015'이다. 해외에서 공개된 영상을 보면 차 내부가 독특하다. 마치 응접실에 있는 듯한 느낌을 준다. 소파 같은 의자 4개가 서로를 마주보고 있어 4명에서 대화를 하기 쉬운 구조다. 전통적인 자동차처럼 직접 운전을 하고 싶은 경우를 대비해 핸들이 보이지만 이를 전혀 강조하지 않았다. 대신 벤츠가 중점적으로 홍보하는 것은 문마다 붙어 있는 터치스크린이다. 터치스크린을 이용해 목적지를 선택하고, 운전 방식을 고를 수 있다. 부드럽게 안전운전을 할 것인지, 다이나믹하고 빠르게 이동할 것인지를 스마트폰을 사용하듯 단계별로 선택할 수 있다. 주위 정보와 음악 선곡 등 정보와 엔터테인먼트 기능을 선택할 수 있게 되는 것도 눈에 띈다.

도요타 등 세계적 자동차 회사에서 미래의 차를 발표할 때를 보면 일반적으로 생각하는 차의 모양이 아닌 경우가 많다. 집처럼 네모난 형태인 경우가 상당수다. 미래의 차는 전방을 주시하면서 직접 운전하지 않아도 되기 때문에 굳이 자동차 창문이 있을 이유도 없다. 집처럼 필요할 때 밖의 경관을 보기 위한 창문으로 충분하다.

이처럼 앞으로 자동차는 지금처럼 앉아서 앞을 보기에 최적화된 형태가 아니라 생활하기 편리한 공간으로 변할 수밖에 없다. 그렇기 때문에 점차 네모 형태로 진화될 가능성이 높다. 이럴 경우 차가 제2의 집이 될 수 있다. 회사에서 퇴근 후 차에서 잠을 자면 어느 순간 집에 도착해 있고, 초등학생 아이가 혼자 타기만 해도 수십 킬로미터 떨어져 있는 학교 앞에 안전하게 내려주니 굳이 비싼 돈을 내고 서울에 살 필요성이 크게 줄어드는 셈이다.

## 주차 서비스

자율주행차가 상용화되면 불필요한 주차 공간이 생겨 새로운 공간이 창출될 수 있다. 서울 강남 대부분의 빌딩은 몇 개 층 규모의 공간을 주차장으로 쓰고 있다. 빌딩의 상당 부분이 주차 공간으로 사용되는 것이다. 그럼에도 불구하고 주차할 곳이 없어서 난리다. 정기 주차는 월 20만 원 이상 내야 한다. 텔레비전 한 달 보는 가격이 만 원 내외인 것을 감안하면 매우 비싼 금액이다. 매월 20만 원씩 내는 월정액 서비스는 그리 많지 않다. 사실상 한 대당 두 곳의 주차 공간을 가지고 있는 셈이다. 밤에는 대부분 아파트에 주차를 하기 때문에 회사 근처 주차장이 먼지만 날릴 정도로 한산하고, 반대로 낮에는 아파트 주차장이 거대한 공터로 변한다.

자율주행이 상용화되면 이럴 필요가 없다. 운전자가 출근한 후 자동차가 알아서 집으로 돌아가면 되기 때문이다. 비싼 주차비를 내면서 회사 근처에 있는 주차장에 주차할 이유가 없어진다. 집과 회사 간의 거리가 멀다면 몇 킬로미터 떨어진, 가격이 저렴한 주차장으로 돌아가면 된다. 이와 관련해 전문가는 앞으로 강남 지역의 주차장 수요가 1/10로 줄어들 수 있다고 이야기한다. 즉, 주차장 공간만큼 사람이 사용할 수 있는 새로운 공간이 생기는 것이다. 자율주행은 주차 사업과 문화를 비롯해 부동산 시장에도 큰 영향을 미칠 것이다.

## 운수 산업

전문가들은 트럭이 오히려 승용차보다 자율주행에 적합한 모델이라고 이야기한다. 실제로 테슬라를 비롯한 여러 자동차 회사에서는 자율주행 트럭을 개발 중이다. 자율주행차가 본격적으로 도입되면 미국에서는 23만 2,300여 명의 택시기사가 일자리를 잃을 것으로 보았다. 64만 7,500여 명의 버스 기사의 일자리도 대폭 줄어들 것으로 보았다. 현재 자율주행이 적용된 차는 대부분 승용차다. 일반인이 대부분 이용하는 차이기도 하고, 대중의 호기심을 잡기 좋으며 파급력도 크기 때문이다. 하지만 자율주행에 더 적합한 차량은 승용차가 아니라 트럭이라고 전문가는 말한다. 우선 기술적 개발과 접근이 쉽다. 승용차의 경우 끼어들기나 앞지르기를 반복해서 빠르게 가는 것이 일반적이다. 하지만 트럭의 경우 반드시 마지막 차선으로 달려야 하며 속도 규정도 까다롭다. 그래서 운전 스타일이 비교적 단순하기에 기술적으로 구현하는 게 간단하다. 또한 대부분 업무용으로 운전하기 때문에 인건비에 매우 예민하다. 데이트를 하기 위해 반짝이는 벤츠 트럭을 구매해 여자 친구를 차에 태우고 주말에 남해안으로 놀러 가는 경우는 드물 것이다. 주로 기업에서 직접 구매하거나 지입 형태로 트럭을 가지고 있는 사람과 계약을 한다. 기업은 트럭과 트럭을 운전하기 위한 비용을 같이 지불하는 것이다. 기업 입장에서는 인건비보다 비싼 비용이 없다. 그렇기 때문에 자율주행이 상용화된다는 것은 기업이 매우 큰 비용을 아낄 수 있는 기회다. 기업이 자율주행 트럭을 매력적으로 볼 수밖에 없는 이유다.

기업에서 트럭을 구매할 때 기준으로 삼는 것은 '첫째 비용, 둘째 가격, 셋째 돈'이라는 이야기가 있다. 그만큼 금전적 잣대가 절대적이라는 것이다. 트럭을 구매할 때는 디자인, 브랜드 등 일반 승용차에서 중요하다고 생각하는 기준이 우선적으로 중요하지 않기 때문에 트럭에 자율주행이 도입되면 큰 인기를 얻을 수 있다. 이미 호주의 광산기업 리오틴토(Rio Tinto)는 철광석을 나르는 데 자율주행 트럭을 이용하고 있다.

테슬라를 비롯해 여러 업체에서 자율주행 트럭을 준비 중이기도 하다. 자율주행 트럭이 현실화될 경우 운수업종 중 트럭 운전사는 어느 영역보다 빠르게 사라질 것으로 보인다. 그 후 택시기사, 버스기사, 택배기사 등 운전직이 점차적으로 사라질 것이다.

### 자동차 산업

자율주행 자동차는 자동차의 기능을 하면서 인터넷에 연결된 거대한 정보 기기로 발전될 것이다. 자동차가 스스로 방향과 속도를 결정하는 것이 아니라 자동차가 생성하는 빅데이터를 분석해 운전하는 것이 더욱 정확한 판단을 내릴 수 있게 된다. 그래서 인터넷 서비스의 특징인 기업과 고객 간의 연속적 관계도 물려받아 자동차 소유주와 회사는 더 자주 연결될 것이다. 이는 자동차 회사가 제조업에서 서비스 회사로 거듭나는 필연적인 흐름이다.

자율주행 자동차는 대부분 전기차다. 전기차는 하드웨어적으로 보면 구조가 간단하지만 자율주행 소프트웨어는 계속 업데이트를 해야 한다. 과거에는 자동차 구매와 동시에 회사와의 관계는 끝난다고 보면 되었다. 해당 제품에 문제가 있을 경우 고객센터를 통해 애프터서비스를 받는 정도가 그나마 관계를 이어가는 경우다. 하지만 앞으로 자율주행이 대중화되면 차는 빠르고 안전하게 달리는 기능은 물론이고 자동차 회사가 서비스를 얼마나 잘 제공하느냐에 따라 자동차 회사의 경쟁력이 결정될 것이다. 자동차보다 첨단산업이라고 이야기할 수 있는 항공 분야를 보자.

발명왕 에디슨이 만든 GE는 가전제품뿐만 아니라 전력, 헬스케어 등 수 많은 분야에서 경쟁력을 가지고 있는 공룡이다. GE가 경쟁력을 가지고 있는 또 다른 분야는 항공기 분야이다. 대표적으로는 항공기의 핵심이라고 하는 항공기 엔진을 만든다. GE는 자신들의 엔진을 달고 날아다니는 비행기의 비행 기록을 기존에는 모두 버렸다. 관리할 방법도 없었고, 관리할 필요성을 느끼지 못했다. 하지만 이제 GE는 항공 기록을 분석해 효율적인 운영 방안, 예상 고장 시점 등 비행 운영의 도움을 주는 자료로 만들어 고객에게 도움을 주고 있다. GE는 매출의 75%가 이런 데이터를 이용한 부분에서 나오고 있다. 자동차도 마찬가지이다. 데이터를 분석해 얼마나 좋은 서비스를 제공하냐가 최고의 경쟁력이 될 것이다. 즉, 자동차를 판매한 후 구입한 사람에게 다양한 서비스를 제공하며 지속적인 관계를 유지해야 한다.

지금은 자동차 소유주가 스스로 알아서 관리해야 하지만 앞으로는 자동차 회사가 인터넷으로 관리할 날이 가까이에 왔다. 자율주행 소프트웨어는 당연히 업데이트를 해가며 관리해야 하고 소모품의 교환 주기를 알려주는 서비스를 통해 타이어의 온도와 압력 등을 확인해서 적절한 조치뿐만 아니라, 자율주행 중에 즐길 수 있는 적절한 엔터테인먼트까지 포함될 것으로 보인다.

## 미래의 자동차 라이프

주로 캠핑카에서만 가능했던 '차박'이 우리의 일상 속으로 들어오고 있다. 차에서 잠을 잔다는 뜻인 '차박'을 검색해 보면 엄청난 자료가 나온다. 차에서 잠을 자는 사람이 생각보다 많다는 것을 알 수 있다. 자율주행차는 점점 편하고 안락해질 것이기 때문에 굳이 비싼 돈을 내고 호텔이나 모텔에서 잠을 자야 하는 이유가 없어진다. 물론 앞으로도 호텔과 모텔의 편리성은 유지될 것으로 보이나 그 편리성의 차이가 갈수록 줄어들 것으로 보인다. 돈을 아끼기 위해서나 경치 좋은 곳에서 자유롭게 시간을 보내는 일명 '자율주행 차박여행' 인구가 늘어날 것으로 보인다. 이는 자연스럽게 호텔과 모텔을 이용하는 사람의 숫자가 줄어드는 것을 의미한다. 심지어 자율주행차는 하늘길 수요에도 영향을 미칠 것으로 분석된다.

미국과 유럽 대륙 등은 자율주행으로 비행기 수요가 크게 줄어들 것으로 예상한다. 비행기를 타기 위해 몇 시간씩 기다린 후 좁은 공간에서 불편하게 있기보다 교통 체증이 없는 밤에 자면서 내 차로 이동하겠다는 사람이 많아질 것으로 전망되기 때문이다. 우리나라를 보더라도 차로 이동할 수 있는 거리의 경우 KTX가 제주도를 제외한 국내선 수요 상당 부분을 잠식해나갔듯이, 자율주행차가 항공 수요를 잠식할 것으로 보는 시각이 많다.

이처럼 자동차에 인공지능이 도입됨에 따라 단순히 자동차가 스마트해지는 것을 넘어 세상이 변할 수 있다. 변화의 크기의 차이가 있을 뿐 모든 분야에서 인공지능 기술이 우리 삶과 사회에 변화를 이끌어낼 것이고 그 변화가 내 삶에 직접적 혹은 간접적 영향을 끼칠 것이라는 것은 확실하다. 내가 속한 직업 분야에서 인공지능이 어떤 변화를 만들지 예측하는 연습을 평상시 해야 한다. 시대의 변화에 따라 직업이 요구하는 기술은 조금씩 변한다. 나의 분야에서 어떤 기술이 요구되고 있는지 고민해야 한다.

예를 들어, 과거에는 기자가 취재를 잘하는 능력이 중요했다. 그래서 취재원을 많이 아는 것이 최고의 능력 중에 하나였다. 휴대전화에 얼마나 중요한 사람이 많이 있는지가 기자의 능력과 비례했다. 하지만 이제는 취재원이 빅데이터로 점점 옮겨가고 있다. 그래서 글 쓰는 능력뿐만 아니라 통계 프로그램인 SPSS나 R을 다루는 능력이 요구되고 있다. 경우에 따라서는 그림으로 표현하는 인포그래픽 능력이 필요하다. 또한 유튜브 시대이기에 동영상을 찍고 편집하는 능력이 중요해지고 있다는 것은 누구나 다 아는 상식인 세상이다.

인공지능 시대에는 그 변화의 속도가 과거 수십 년을 압축한다. 앞으로 짧은 시간 내에 인공지능 기술로 글을 쓰는 사람이 더 유리할 것이다. 인간보다 더 편집을 잘하고 오타와 문맥 수정 기능을 제공하는 '화이트스모크' 같은 프로그램을 이용한다면 일 잘하는 기자가 될 것이다. 세상의 변화를 상상하고 나의 업무를 어떻게 변화시킬 것인지에 대한 고민하는 연습이 필요하다.

# 누가 좋은 일자리로
# 옮겨갈 수 있을까?

비슷해 보이는 업무지만 인공지능이 대체할 수 있는 일과 그렇지 않은 일을 구분할 필요가 있다. 인공지능과 자율주행의 발달로 운전 업무는 사라질 가능성이 매우 높다. 그렇다면 지금하고 있는 운전 일을 그만두고 다른 일을 찾아야 할까? 그럴 수 있는 환경에 있는 사람은 그렇게 하는 것이 좋다. 조금 더 창의적인 일을 찾으면 좋을 것이다. 하지만 이렇게 행동할 수 있는 사람은 극소수일 것이다. 이런 경우 자신의 업무를 잘게 나눠서 생각해야 한다.

똑같은 운전이라고 해도 트럭 운전과 어린이 집 버스 운전은 화연히 다르다 운전이라는 큰 틀에서는 보면 별 차이가 없어 보일 수 있다. 하지만 트럭 운전은 운전이 90%이고 인간적 업무가 10%이다. 하지만 어린이집 업무는 운전이 70%이고, 인간적 업무가 30%이다. 바로 인간지능이 하기 어려운 업무가 인공지능에 대해 열린 업무이다. 나의 업무에서 닫힌 부분과 열린 부분을 파악해야 한다.

트럭 운전기사는 물건을 신속하고 안전하게 배달해주는 것이 핵심이고 그 외 물건에 대한 지식, 상하차 시 다른 사람과 의사소통 등은 부가적인 기술이다. 대부분 인공지능이 대체 가능해 인공지능에 대해 닫힌 업무가 많다. 하지만 어린이집 버스는 70%가 운전이며 나머지 30%는 어린아이가 정확한 위치에서 내리고 타는지, 주위를 살피고 안전하게 타는지 등을 살펴야 한다. 또한 매일 만나는 아이에게 모범적인 모습도 보여주어야 한다.

트럭 기사는 인공지능 세상이 오면 직업을 잃을 가능성이 많지만 어린이집 운전기사는 이미 교사와 아이들과 유대감이 형성되었을 것이다. 또한 아이의 특성을 파악해 어떻게 하면 안전하게 운행할지에 대한 노하우가 쌓였을 것이다. 이는 어린이집 버스 기사의 인공지능 도입 시기를 늦추게 된다. 이 기간 동안 어린이집 버스 기사는 운전 기술 외에 인간적 기술을 이용해 기계가 하지 못하는 새로운 영역에 도전을 할 수 있는 기회를 얻을 수 있다.

인공지능 시대에는 사회의 변화가 지금과 비교할 수 없을 정도로 빠르게 변할 것이다. 지금 우리가 익숙하게 생각하는 직업 중 상당수는 10년 전에 존재하지 않았던 직업이다. 요즘 오프라인 업체도 앱을 만들고 있고, 수많은 사람이 앱을 통해 먹고 살고 있지만 이 모든 일들과 직업이 10년 전에는 존재하지 않았다.

아이폰이 우리나라에 상륙한 것이 이제 막 10년이 넘었다. 유튜버 같은 직업도 존재하지 않았고, 개인이 라이브 방송을 통해 물건을 팔 수 있을 것이라고는 생각하지 못했다. 스마트폰을 이용해 음식을 배달시켜 맛있는 것을 먹고, 옷을 구매해서 전신 거울에 자신을 비춰 보고, 모르는 사람과 게임을 하면서 같이 웃고, 영상을 보며 같이 울며, 아파트 가격 비교를 보면서 화도 내고 좋아하기도 하는 현실을 생각해보자. 이 생태계 내에서 돈을 버는 사람이 얼마나 많을지는 정확한 숫자는 몰라도 엄청 나게 많다는 것은 어렵지 않게 짐작할 수 있다.

중요한 것은 기회를 누가 빠르게 잡는가이다. 준비하면서 계속 기회를 노리면 된다. 계속 새로운 일자리가 생기고 있기에 관련 공부를 하고 도전하는 사람은 걱정할 필요가 없다. 마찬가지로 아무 준비도 하지 않는 사람도 걱정할 필요가 없다. 걱정한다고 바뀌는 것은 하나도 없고 괜히 머리만 아프기 때문이다. 인공지능 시대에 새롭게 생기는 일은 아무도 해본 적이 없다. 그렇기에 관련 경력이 있고 디지털 마인드가 조금 더 있으면 된다.

네이버 같은 포털 사이트가 처음 생겼을 때 아무도 관련 일을 해보지 않았다. 이때 포털 업계에서 최고로 선호하는 인력은 IT 기자였다. 포털 서비스 업체도 결국은 일반 대중에서 글로 된 정보를 보여줘야 하기에 해당 분야를 잘 아는 기자를 선호했다. 여기에 IT에 대한 지식이 있기를 원했기 때문에 IT 기자는 귀함 몸이었다.

인터넷 초창기에는 언론에서 네이버와 같은 포탈사이트를 무시했다. 기자로 있다가 네이버 같은 포탈사이트로 이직을 하는 것은 기자로서 더 이상 경쟁력이 없거나 매우 모험심이 강한 사람이었다. 지금 네이버 한성숙 대표도 컴퓨터 잡지(PC Line) 기자 출신이며, 전 다음 CEO인 석종훈 대표도 IT 기자(조선일보) 출신이다. 전 네이버 부사장 윤영찬(동아일보) 등이 모두 기자 출신이며 모두 인터넷 초창기에 기자라는 타이틀을 버리고 포탈로 넘어와 흐름을 타고 성공한 사람들이다.

많은 경우 운이 실력보다 중요하기도 하다. 하지만 운은 우리의 손안에 없기 때문에 흐름을 읽고 자신의 몸을 흐름에 올려놓아야 한다. 요즘 인기가 많은 업종은 바이오 분야이다. 약을 제조하는 바이오 기업에서 신기하게도 전혀 상관없어 보이는 반도체 출신 인력을 많이 뽑는다. 기존에 국내에서 대규모로 약을 제조해본 경험이 많지 않아 신규 인력은 필요한데, 관련 경력자가 별로 없는 것이다. 그렇기에 유관 업무자라도 선호할 수밖에 없다. 약 제조라는 것이 미세공정으로 대규모 생산이 필요하기 때문에 반도체에서 관련 경험을 한 인력이 선호되고 있다. 이는 사람을 뽑는 입장에서 보면 당연한 것이며 앞으로도 동일할 것이다.

세상은 빠르게 변화하며 일자리가 사라지고, 또 새롭게 생기고 있다. 새롭게 생기는 그 자리는 평소 준비를 한 사람에게 기회가 갈 수밖에 없다. 기회는 디지털에 대한 준비를 얼마나 잘하고 있으며 트렌드를 잘 파악해 어디에 기회가 있는지 끊임없이 찾아보는 사람에게 돌아갈 것이다.

# 구글의 인공지능
# 발전 속도를 엿보는 방법

리캡차(reCAPTCHA)는 구글이 만드는 프로그램으로 여러 캡차 중 하나이다. 주로 사이트에 가입하려고 하는 사용자에게 뒤틀어지거나 배경 속에 혼재되어 있는 단어 이미지를 보여준 뒤, 보이는 대로 단어를 입력하라고 한다. 컴퓨터 프로그램을 이용해 자동으로 수많은 계정을 생성하는 것을 막기 위해 컴퓨터가 읽기 어려운 글자를 보여주고 입력을 유도해 컴퓨터를 통한 자동 가입인지, 정상 이용자의 가입인지를 구분하는 기술이다.

사이트를 가입할 때 흔히 보게 되는 것으로 문자, 숫자를 보여주고 사용자에게 똑같이 따라 입력하라고 요구하는 바로 그 기술이다. 리캡차는 사용자 자신도 모르는 사이에 일상생활에서 선(善)을 행할 수 있는 기술이기도 하다. 사용자에게 보여주는 글자가 인류의 지식 확대에 이바지를 할 수 있는 글자라는 것이다. 구글이 보유하고 있는 고서(古書) 스캔 데이터에서 컴퓨터가 자동 인식으로 실패한 글자 이미지를 따온 뒤 사이트에 가입하고자 하는 사용자에게 보여준다. 고서의 문자는 컴퓨터는 읽을 수 없으나 사람은 읽을 수 있는 경우가 많다. 보통 리캡차는 글자를 두 번 보여준다.

전자는 이미 판독이 완료된 글자이고, 후자는 판독이 되지 않은 단어이다. 전자를 맞히면 후자도 정상적으로 입력한 글자로 정확한 판독일 가능성이 높기에 몇 명 이상의 사람이 같은 글자를 입력할 경우 판독이 완료된 것으로 본다. 조상의 지혜를 디지털화해 자산화한다는 점에서 사회적으로 의미가 있다. 리캡차는 다양한 방법으로 발전하고 있다. 요즘은 글자 외에 이미지를 물어보는 경우가 많다.

리캡차를 보면 구글이 요즘 어떤 인공지능을 개발 중인지 짐작하는데 큰 힌트를 얻을 수 있다. 요즘 리캡차는 고어 판독을 위해 글자를 보여주는 경우보다 이미지를 보여주는 일이 많다. 해외 사이트를 가입하다 보면 신호등, 횡단보도 등을 찾아보라는 캡차가 유난히 많다. 기존에는 자동차를 찾아보라고 하는 경우가 많았으나 신호등과 횡단보도로 바뀐 것이다. 이는 크게 세 가지 정보를 제공한다.

첫째, 구글이 교통 관련 인공지능을 핵심으로 개발 중이다. 구글이 자율주행 자동차를 개발해 시범 서비스 중이라는 것은 언론을 통해 이미 다 알려진 것이기 때문에 교통 관련 인공지능은 자율주행 자동차인 것을 어렵지 않게 짐작할 수 있다.

둘째, 자동차 관련 캡차가 많이 줄어들었다는 것은 더 이상 인공지능으로 분석할 자동차 정보가 많지 않았다는 뜻이다. 이미 자동차를 인식하는 수준은 만족할 만한 수준으로 충분히 개선되었다는 것이다. 하지만 신호등과 횡단보도를 구분하는 것은 미숙하기 때문에 신호등과 횡단보도 리캡차 이미지가 자주 나오는 것이다. 자율주행을 위해 꼭 필요한 지능인 신호등과 횡단보도를 인식해 멈춤과 출발을 할 수 있기 때문이다.

구글은 리캡차를 다양하게 활용할 것으로 보인다. 미국에서 최근 많이 늘어나고 있는 재택 아르바이트가 '찾기 아르바이트' 이다. 예를 들어, 하늘에서 찍은 구글 위성 지도에서 건물을 찾는 단순 작업이다. 아르바이트생은 지도에서 건물을 찾은 후 건물의 테두리를 따라 그리는 일을 한다. 구글은 정확하게 어디에 사용하기 위해서 이런 일을 하는지 그 일을 하는 아르바이트생에게도 이야기하지 않지만 언론은 인공지능 학습 자료일 것으로 추정하고 있다. 조금 더 자세하게는 학습을 통해 기계가 하늘에서 찍은 위성 지도에서 정확하게 건물의 형태를 구별해내는 능력을 갖추었을 경우, 드론이 스스로 하늘을 날아다니며 건물 위에 착륙할 수 있도록 학습시키는 용도일 것이라고 예상한다. 이는 드론이 스스로 하늘을 날아다니며 물건을 배달하는 운송 혁명으로 발전할 수 있을 것이라고 전문가들은 예상한다.

리캡차는 인공지능을 발전시키기 위해 사진에서 '건물 지붕의 위치를 따라 그려 보세요.'와 같은 판독의 증진, '다음 중 위험한 사항이 아닌 것은 무엇인가요?'와 같은 판단의 증진, '다음과 같은 상황일 때 올바른 행동은 무엇인가요?'와 같은 가치 판단 등을 물어볼 것이다.

구글은 리캡차로부터 확보한 자료를 인공지능을 발전시키기 위한 기초 자료로 사용할 것이다. 중요한 것은 개인 입장에서 구글이 어떤 인공지능을 개발하고 있는지를 짐작할 수 있다면 어떻게 발전하고 있는지 짐작할 수 있다는 것이다. 국내에서는 '나무위키' 등에서 리캡차를 이용하고 있기에 나무위키에 가입을 하거나, 여러 문서를 수정하려고 할 경우 가끔씩 리캡차가 실행되어 확인할 수 있다. 리캡차를 살펴보면서 구글의 전략을 살펴보는 것도 인공지능 시대를 대비하는 요령 중 하나이다.

# 인공지능과
# 생산 수단의 민주화

개인이 점차 기업이 되고 있다는 것은 이미 많은 사람이 느끼고 있을 것이다. 특히 유튜브를 통해 느끼고 있는 사람이 많다. 초등학교도 안 간 어린이가 빌딩을 구입했다는 기사, 유명 유튜브의 연간 수입이 수십 억이 된다는 기사를 보면 확실히 개인이 기업이 되고 있다는 느낌을 받는 것이 사실이다. 하지만 현재까지는 주로 콘텐츠를 제작하는 개인이 점차 기업이 되고 있는 수준이지만 앞으로는 일반 기업처럼 콘텐츠를 넘어 다양한 하드웨어를 팔아 수익을 만들거나, 설계를 통한 지적재산으로 수익을 버는 개인이 늘어날 것으로 보인다. 이런 흐름의 중심에는 3D 프린터가 있다.

3D 프린터의 발전 가능성이 큰 것은 앞으로 오픈 소스와 결

합될 것이라는 점이다. 뉴스와 정보가 무료화되며 우리사회가 과거와 비교할 수 없이 변한 것처럼 재화가 무료화되었을 때 변화는 예측할 수 없을 정도로 클 것이다. 간단한 제품은 우리 주위에 존재하는 것들을 구매하는 방식이 아니라 점점 내가 도면을 다운받아 프린터해 이용하는 경우가 많아질 것으로 전망된다. 이 경우 가장 충격을 받는 나라는 중국이 될 수밖에 없다. 기술력은 높지 않지만 저렴한 인건비로 가격 경쟁력을 앞세워 세계의 공장으로 성장한 중국은 미국이 오픈 소스를 주도하며 단순 재화의 무료화를 추진할 경우 경쟁하기가 쉽지 않을 것이다. 하지만 인터넷에 정보가 아무리 넘쳐도 고급 정보는 유통되지 않는 것처럼 3D 프린터가 대중화되어도 고품질의 제품의 자리를 위협하기는 쉽지 않다. 오히려 차별화된 고급 제품의 수요가 늘어날 수 있기에 위상이 더 견고해질 수 있다.

미국은 3D 프린터와 소스를 주도하며 그들이 만들어내는 고급 제품을 통해 세계를 계속 이끌어나갈 수 있을 것으로 전망된다. 중국의 가파른 임금 상승도 3D 프린터와 오픈 소스가 빠르게 발전하는 데 한몫하고 있다.

보스턴 컨설팅이 분석한 자료에 따르면 2013년에 이미 중국은 제조업 생산 비용이 미국의 93%에 달했다. 또한 2105년에 인건비와 생산성을 고려했을 때 이미 미국과 중국은 동일한 수준이라는 자료를 발표하기도 했다. 최근에는 사실상 생산 비용이 미국보다 높아졌다는 주장도 있다. 이런 큰 변화 속에서 개인은 새로운 기회를 찾으려고 노력해야 한다. 다행인 점은 3D 프린터의 발전이 페이스북 모델이 아니라 유튜브 모델이라는 점이다. 미국이 3D 프린터의 큰 흐름을 이끌어갈 수 있겠지만 모든 것을 혼자서 독차지하는 것이 아니라 개인도 참여해 일정 부분 과실을 얻어갈 수 있다는 점이다. 유튜브처럼 경우에 따라서는 개인이 기업처럼 크게 성장할 가능성도 충분히 가능하다.

예를 들어, 3D 프린터는 '사용자 주도형 기술혁신모델'이 이루어질 수 있다. 이를 통해 기업과 일반인이 수평적 네트워크를 이룰 수 있다. 그동안 개인은 기업과 동등한 조건에서 의미 있는 일을 함께 하기가 어려웠다. 기업과 개인의 관계는 생산자와 소비자 혹은 고용주와 피고용주일 뿐이지 동등한 관계로 협업을 통한 발전은 없었다. 하지만 인공지능과 3D 프린터의 발달은 기업과 개인이 동등한 협력적 생산자 관계를 만들어 줄 수 있다. 기업이 담당할 수 없는 부분과 개인이 잘할 수 부분이 다르기 때문이다. 미국 위스콘 시 주립대학 디지털제조연구소 프랭키 플러드 교수는 3D 프린터를 이용해 손을 잃은 어린이에게 의수(義手)를 만들어주는 일을 하고 있다.

과거에는 어린이가 의수를 구하기가 매우 어려웠다. 손이 없는 어린이에게는 꼭 필요한 제품이었지만, 수요가 너무 적어 생산하는 기업이 거의 없었으며 생산한 기업도 매우 비싼 가격으로 판매를 할 수밖에 없었다. 하지만 프랭키 플러드 교수는 부대 비용이 들지 않기 때문에 기업보다 훨씬 저렴한 가격으로 생산 후 판매를 하기에 좋은 평가를 받고 있다. 여기서 미래의 개인이 살아남을 수 있는 힌트를 얻을 수 있다. 개인도 기업과 동등한 위치에서 생산할 수 있는 일이 점차 많아질 것이라는 점이다.

지금은 전문적인 기술을 가지고 설계를 할 수 있는 일부 사람만 이런 생산에 참여할 수 있지만 앞으로는 많은 개인이 기업에게 설계도를 제공하면 기업은 이를 바탕으로 제품을 생산하고 수익금의 일부를 개인에게 제공할 수 있다. 개인은 더 창의적인 생각으로 틈새시장에 대한 기획과 설계를 하고 3D 프린터로 제작해 시장의 반응을 보고, 가능성이 확인될 경우 본격적 생산과 마케팅 그리고 유통은 기업에서 담당하는 방식으로 협업을 하며 시장을 키울 수 있다.

주목할 점은 3D 프린터와 인공지능이 결합되고 있다는 점이다. 지금까지 3D 프린터의 활용은 대부분 소비 부분이라고 할 수 있다. 도면을 다운받아 프린터 하는 방식으로 소비하고 있다. 이 역시도 혁신이라고 할 수 있지만 진정한 혁신은 생산에서 온다. 아직까지 3D 프린터 도면을 만드는 것은 평범한 사람에게는 어려운 일이다. 하지만 인공지능과 결합되면 달라진다.

해외에는 이미 3D프린터에 인공지능을 입히려는 시도가 활발하다. 음성으로 "나는 의자를 만들고 싶어."라고 이야기하면 인공지능은 "어떤 의자를 만들고 싶은지 이야기해 주세요. 식탁 의자인가요? 책상 의자인가요? 아니면 휴대용 의자인가요?"라고 물어보는 식이다.

'휴대용 의자'라고 이야기하면 여러 가지 샘플을 보여주고 이 중에서 맘에 드는 것을 고르라고 한다. 샘플을 가지고 작업을 하기 때문에 훨씬 쉽다. 의자의 모양이 이상해 물리적으로 사람이 앉았을 경우 쓰러질 가능성이 높은 경우 인공지능은 이를 자동으로 인식해 자동보정을 하거나, 의자의 높이가 맞지 않는 경우 맞춰주기도 한다. 더 나아가 자신의 키와 몸무게 같은 신체 사이즈를 입력하면 최적의 사이즈로 자동 변경해주는 기능 등으로 발전할 수 있다.

# 오픈 하드웨어와
# 개인의 생산

3D 프린터와 연계되어 살펴봐야 하는 주목할 만한 흐름이 또 있다. 오픈하드웨어 운동과 이 때문에 더욱 주목받고 있는 메이커 운동이다. 아무리 창의적 생각이 있다고 해도 창의적 생각을 눈에 보이는 상품으로 바꾸지 않는다면 그 생각은 그냥 누군가의 머릿속에서 스쳐 지나가는 생각일 뿐이다. 특히 그 아이디어가 단순히 기존에 있던 생활 용품의 변형이 아니라 신개념의 제품이라면 대부분 전자, 통신 기능이 들어간다.

이 경우 과거에는 대부분 개인의 아이디어는 남에게 한두 번 이야기 꺼내고 사라질 수밖에 없는 운명인 경우가 많았다. 샘플 제품 한번 만들어 보지 못하고 아쉽게 사라지는 운명이 대부분이었다. 아이폰 등장 이후 소프트웨어 분야에서 개인이 소프트웨어를 판매할 수 있는 길이 만들어졌지만 자본과 장비가 없는 개인이 아이디어를 현실화시키기에는 어려웠다. 하지만 이제는 오픈소스 하드웨어 운동이 일어나고 있어 개인도 전자, 통신 제품을 큰 비용과 기술이 없어도 샘플 제품을 만들 수 있는 길이 열리고 있다. 오픈 소스는 원래 소프트웨어 분야에서 시작되었다. 대표적인 소프트웨어는 리눅스이다. 리눅스는 소스(source)를 공개했기 때문에 누구나 수정해 사용할 수 있으며 이 소스를 다시 공개하는 방식으로 발전하고 있다.

하드웨어에서도 비슷한 흐름이 일어나고 있다. 오픈소스 하드웨어 대표주자는 아두이노(arduiono)이다. 기판의 설계도가 공개돼 있어 누구든지 부품을 구매해 제작할 수 있다. 그렇기 때문에 하드웨어 가격이 매우 싸다는 장점이 있다. 기판만 따졌을 경우 1만 원 미만이며, 기판 외에 케이블, LED, 센서, 저항 등 다양한 부품을 포함한 패키지도 5만 원 이내로 구매 가능하다.

아두이노는 4차산업혁명의 주요 요소인 IoT 시대에 맞게 센서에 특화되어 있어 기울기 센서, 온도 센서 등을 장착해 다양한 제품을 만들 수 있다. 아두이노로 만든 대표적인 제품으로 드링크 머신이 있다. 스마트폰으로 드링크 머신 사이트에 접속하면 다양한 종류의 칵테일 중 취향에 맞는 것을 선택할 수 있다. 칵테일을 선택하면 자동으로 QR코드가 생성된다. 이 QR

코드를 칵테일 머신 상단에 부착되어 있는 카메라에 비추면 컵이 자동으로 움직이며 알코올, 콜라 같은 재료가 거꾸로 매달려 있는 병 사이를 부지런히 움직이며 떨어지는 재료를 받아서 칵테일을 만든다. 자신의 창의적 생각을 현실화할 수 있기 때문에 전자, 통신 제품임에도 불구하고 예술계에서도 관심이 많다. 홍익대학교 디지털미디어디자인학과, 한예종 조형예술과 수업에서 배우고 있다.

아두이노의 장점이 싼 가격에만 있는 것이 아니다. 하드웨어를 제어하기 위해서는 복잡한 과정을 거쳐야 하는데 아두이노는 USB로 쉽게 업로드 할 수 있으며 프로그래밍도 비교적 쉽다는 장점이 있다. 이미 관련 책이 수십 권 나와 있고, 비교적 진입 장벽이 높지 않기에 열정만 있다면 도전할 수 있다.

아두이노와 함께 주목받는 또 다른 제품은 라즈베리파이(Raspberry Pi)이다. 라즈베리파이는 OS가 돌아가는 컴퓨터이다. 라즈비안(Raspbian)이라는 전용 OS가 있는데 리눅스를 개량한 것이기 때문에 이론적으로는 고사양을 요구하는 게임을 제외하고는 대부분의 업무를 할 수 있다. 라즈베리파이가 주목받는 이유는 영국 라즈베리파이 재단이 학교에서 컴퓨터 교육을 증진시키기 위해 저렴한 가격에 작게 만들려고 노력했기 때문에 컴퓨터임에도 불구하고 신용카드 크기 밖에 되지 않으며, 가격도 5만 원에서 8만 원 사이에 불과하다. 자체적으로 IoT 기기를 만들기 위해서도 사용하지만, 아두이노와 궁합이 잘 맞기 때문에 같이 사용하기도 한다.

아두이노가 센서에 최적화되어 있지만 단일 콘트롤러의 특성상 하드웨어 성능이 좋지는 않다. 아두이노와 라즈베리파이를 연결해 센싱과 간단한 작업만 아두이노가 처리하고 복잡한 연산은 라즈베리파이로 처리하게 할 수 있다.


아두이노, 라즈베리파이 같은 창의성을 현실화할 수 있는 제품이 늘어나자 메이커 운동이 나타났다. 이 운동은 스마트 워치 시장을 만들었다. 2016년 IDC 발표한 자료를 보면 핏빗(FitBit)이 세계 시장 점유율 22.2%로 1위를 기록하고 있고, 애플은 18.6%로 2위에 그치고 있었다. 이후 애플과 삼성이 함께 3파전을 만들었다. 하지만 스마트폰으로 세계를 이끌고 있는 애플, 삼성과 지속적인 경쟁을 하기에는 힘들어지자 이 시장을 눈 여겨 보고 있던 구글이 2019년 11월에 핏빗을 인수했다. 인수 금액이 21억 달러로 성공 신화를 만들었다.

이 회사가 주목받았던 또 다른 이유는 '메이커'의 대표적인 성공 사례로 뽑히고 있기 때문이다. 핏빗을 창업한 제임스박은 우리나라에서 태어났지만 3살 때 미국으로 이민을 갔고, 2010년부터 메이커 활동을 하였다. 흔히 스마트워치라고 이야기하지만 그는 사실 시계가 아닌 만보계를 보고 스마트용을 만들려고 한 것이었다. 하지만 그는 소프트웨어 개발자로 당시에 전혀 하드웨어에 대한 지식이 없었다. 그는 메이커 공간에서 하드웨어에 대해서 2년 동안 준비를 한 후 핏빗을 창업했다.

# 메이커 운동의
# 대중화

   '메이커'가 무엇인지는 '메이커' 운동의 허브인 '테크숍' 공동 설립자이자 CEO인 마크 해치가 정의한 것을 살펴보는 것이 좋다. "뭔가 만드는 사람을 메이커라고 한다. 2005년 창간된 〈메이크〉 매거진을 통해 대중화되기 시작한 말로, 새로운 만들기를 즐기는 새로운 제작 인구를 가리킨다. 발명가, 공예가, 기술자 등 기존의 제작자 카테고리에 얽매이지 않으면서 손쉬워진 기술을 응용해서 폭넓은 만들기 활동을 하는 대중을 지칭한다. 처음에 쓰일 때는 취미 공학자라는 의미가 강했지만, 지금은 공유와 발전으로 새로운 기술의 사용이 더욱 쉬워졌기 때문에 만드는 사람 전부를 포괄하는 뜻으로 쓰이기도 한다."라고 말했다.

아두이노와 라즈베리파이 같은 오픈소스 하드웨어 기술이 늘어난다고 해도 이는 전자, 통신 역할로 두뇌의 역할만 할뿐이지 상업적인 제품을 만들기 위해서는 플라스틱 같은 재질로 몸체 등을 만들어야 하고 여전히 공장에서 사용하는 다양한 장비가 필요하다. 하지만 대부분 고가의 장비로 개인이 보유하기는 불가능하다. 하지만 '테크숍', '해커스페이스', '팹랩' 등에서는 개인이 구비하기 어려운 고가의 장비를 빌려준다.

우리나라도 서울시에서 운영하는 '디지털 대장간' 등 유사한 곳이 생겨나고 있다. 고가의 장비를 빌려준다고 해도 일반인은 사용할 수가 없기 때문에 원하는 사람은 장비 방법에 대한 교육을 받을 수 있다. 단순하게 장비를 임대해주는 곳이 아니라 창업 교육 공간이기도 하고 협업의 공간이기도 하다. 개인이 제품을 만들어 판매하기까지는 다양한 지식이 필요하다. 회로 설계, 금형 등 다양한 전문 지식을 교육해준다. 가장 중요한 점은 창업을 원하는 사람끼리의 커뮤니티를 형성해준다는 점이다.

창업을 원하는 사람끼리 모여서 서로의 아이디어를 공개 후 부족한 부분에 대해서 지적해주고, 해결 방안을 찾기 위해 같이 고민해주는 과정에서 아이디어가 발전되고 제품의 완성도가 탄탄해지는 결과를 가져온다. 목표를 향해 도전하는 사람들과 함께 하기 때문에 심리적 위안이 된다는 장점도 있다.

미국에서 이제 메이커 시대가 왔다는 것을 알리는 상징적인 인물은 실비아 토드(Sylvia Todd)였다. 아두이노를 이용해 일곱 살 때 워터칼라 봇(Watercolor Bot)이라 불리는 수채화 로봇을 만들었다. 컴퓨터로 그림을 그리면 동시에 로봇의 팔이 실제 그림물감을 찍어가며 도화지 위에 그림을 똑같이 그려주었다. 실비아는 일반인에게 자금을 모을 수 있는 킥스타터(kickstarter)에 워터칼라 봇을 올려 2주 만에 71,414달러를 모으며 유명인이 되었다.

미국은 메이커 운동이 무너져 버린 미국의 제조업을 다시 살릴 수 있는 동력이자 미래 산업으로 보고 있다. 2014년 백악관에서 오바마 대통령은 '메이커 페어'를 열어 미국에서 메이커 운동이 확산되는 데 큰 도움을 주었다. 메이커 운동의 중심에 있는 미국 대학은 올린공과대학이다. 1997년 설립된 대학으로 역사는 오래 되지 않았지만 2006년 '뉴스위크'가 미국의 25개 명문대학을 선정할 때 선정될 정도로 빠르게 인정받고 있다. 실제 하버드대학이나 MIT에 합격한 학생들 중에 이 대학을 포기하고 올린공대를 다니는 경우도 많다고 한다.

올린공대의 특징 중 하나는 이론 중심의 기존 공과대학과 다르게 최대한 실무 위주의 수업을 한다는 특성이 있다. 학부 시절의 많은 수업이 자신이 아이디어를 내고 새로운 제품을 직접 만들어 보는 커리큘럼으로 구성되어 있다. 수업 방식도 일방적인 전달 방식이 아니라 교수와 학생들이 서로 협업해 창의적인 제품을 만드는 것을 목표로 한다. 이런 이유 때문에 졸업생이 가장 많이 취직하는 회사는 마이크로소프트와 구글이며 그 외에도 실리콘밸리에 있는 글로벌 회사에 대부분 취업을 한다.

이제 혁신의 주체가 기업이 아니라 개인이 되는 세상이 빠르게 다가오고 있다. 이미 왔다는 전문가도 많다. 아이디어가 좋고 구현 가능하다는 것을 눈으로 보여주면 요즘은 평범한 개인도 창업하기가 어렵지 않다. 정부 지원금도 많고, D캠프 같은 창업지원센터도 많다. 킥스타터처럼 아이디어와 샘플을 보여주고 수많은 사람들에게 투자를 받는 사이트도 큰 인기를 얻고 있다. 4차 산업혁명으로 개인에 대한 위기를 이야기하지만 창의성만 있다면 인정받을 수 있는 길이 점점 넓어지고 있다.

# 직업의 위기는
# 개인의 기회다

3D 프린트, 아두이노 등으로 개인이 생산 수단이 생겼지만 그것은 도구일 뿐 시장에서 생존할 수 있는 조건은 아니다. 개인도 기업처럼 생존 전략을 세워야 한다. 개인은 기업처럼 상품 생산, 유통, 판매 단계에 모든 것을 혼자서 할 수는 없다. 경쟁력 있는 핵심적인 부분을 제외하고 나머지 부분에 대해서는 최대한 유연성을 갖춰야 앞으로 개인이 기업으로 생존할 수 있다. 변화의 속도가 너무 빠르고 인공지능의 발달로 언제 어떤 경쟁자가 나올지 예상할 수 없으므로 고정 비용을 최대한 줄이고 해체와 집중을 반복하며 변신을 하는 것이 생존의 요령이다.

중요한 것은 나만 아는 노하우, 나만 생산할 수 있는 기술을 유지하기 위해 높은 고정 비용을 동반하는 폐쇄적 운영을 하면 안 된다. 언제 시장이 변해 무의미해질지 알 수 없기 때문이다. 인공지능 시대에는 빠르게 변화하는 시장에서 적응할 수 있는 적절한 파트너를 찾는 능력이 가장 중요하며 생존하는 유일한 길이다. 이를 위해서 산업과 국경을 넘어 숨겨진 보물과도 같은 파트너를 발견하고 새로운 가능성과 가치를 발견하는 노력이 중요하다.

인공지능이라는 경쟁자가 언제 자신의 일자리를 넘볼지 모른다. 유연성이 중요하다. 자신의 업무 중에서 핵심을 이루고 있으며 경쟁력이 무엇인지 명확히 정의하는 것이 필요하다. 기업이 자신들의 특화 제품을 광고와 홍보를 통해 알리는 것처럼 개인 역시도 마찬가지여야 한다.

유튜브, SNS등을 통해 자신의 업무 중에 핵심적인 가치를 끊임없이 알려야 하고 핵심적 가치가 필요한 수요처를 계속 발굴해야 한다. 또한 3C(Company, Customer, Competitor)를 염두에 두고 삶의 작전을 세워야 한다. 평생직장이라고 이야기할 수 있는 직장이 거의 사라지고 있는 세상에서 이제 스스로 회사가 되어야 한다. 스스로를 회사라고 생각하고 내가 경쟁력 있게 생산할 수 있는 제품과 서비스가 뭔지 끊임없이 고민해야 한다. 개인은 보통 자신의 경쟁력을 생각할 때 취업할 때나 생각하고 취업 이후에는 그게 거정하지 않아도 되는 경우가 많았지만 내가 가진 기술이 지금 이 순간 시장에서 어떤 가치로 인정받고 있는지를 기업처럼 정기적으로 냉철하게 분석해야 한다.

세상에서 살아남기 위해 고민해야 하는 가장 중요한 축은 고객이다. 내가 이 회사에서 혹은 내가 하는 일을 당장 그만두었을 경우 내가 가진 경험, 지식, 인맥 등을 활용해 만들 수 있는 상품이 무엇인지 끊임없이 생각해야 한다. 마지막으로 가장 중요한 것은 경쟁자이다. 나의 경쟁자가 누구인지에 대해서 적어도 3개월에 한 번씩은 고민해야 한다. 가장 중요한 경쟁자로는 인공지능을 분석해야 한다. 내가 의사라면 왓슨의 기술 동향이 어디까지 발전했는지를 수시로 찾아봐야 하며, 변호사라면 로스의 발전 속도를 체크하는 것처럼 인공지능의 발전 속도와 동향에 대해서 주의 깊게 모니터링 해야 한다. 이런 정보를 바탕으로 인공지능은 제공하지 못하지만 나만 제공할 수 있는 서비스와 제품을 고민해야 한다. 이는 꼭 인공지능을 피해 나만의 강점을 개발시키는 것을 뜻하지 않는다. 인공지능이 발전됨에 따라 새롭게 생기게 될 것으로 예상되는 서비스와 제품을 제공하는 것이다.

이제 개인도 기업처럼 체계적으로 움직여야 성공할 수 있는 세상이 되었다. 요즘 잘나가는 기업이 가장 많이 투자하는 비용은 IT이다. 과거에도 IT에 대한 투자를 많이 했지만 가장 큰 차이는 과거에는 IT를 보조적인 수단으로 생각해 직원들이 편하게 일을 할 수 있거나 조금 더 나아가 경쟁력을 강화시켜주는 도구 정도로 생각했다. 하지만 이제 모든 업종이 IT 회사로 변신하고 있다. 대표적인 사례가 쿠팡이다.

쿠팡은 유통업을 물류 중심에서 IT 중심 업종으로 바꾸었다. 전통적인 관점에서 보면 쿠팡은 이마트를 절대 이길 수 없다. 그동안 유통에서 중요하게 생각했던 요소를 생각해보자. 우선 상품 기획력이다. 쿠팡은 다양한 PB상품을 성공시켜 보았고, 오랜 기간 고객에게 물건을 팔아본 경험이 있지만 상품 기획력에서 이마트를 이길 수 없었다. 유통에서도 거대 자본을 가지고 수많은 공급자와 관계를 오래 유지했던 이마트를 쿠팡이 이길 리는 없던 것이다. 또한 접근성도 전국 주요 도시 곳곳에 위치한 이마트를 쿠팡이 따라가기는 불가능했다. 하지만 쿠팡은 IT를 통해 사람들이 원하는 제품이 어떤 제품인지 빠르게 분석했고, 빠른 배송을 위해서 어떤 주문이 들어올지를 예상해 가까운 위치에 물건을 가져다 놓고, 미리 포장을 해 빠르게 배송할 수 있게 했다.

쿠팡은 창업 초기부터 소프트웨어 개발자 비중이 오프라인 유통 업체와는 비교가 되지 않을 정도로 높았으며 심지어 IT 업체보다도 높았다. 다양한 최신 개발 방법론을 적용할 수 있으며 다양한 방법으로 개발자를 지원했다. 그래서 작은 기업일 때부터 개발자 사이에서 취직할 만한 회사로도 유명했다. IT

기술력은 온라인에 작은 회사였던 쿠팡을 오프라인 거대 공룡인 이마트를 위협할 만한 회사로 키우는 데 큰 역할을 했다. 쿠팡이 유통업을 IT 업체로 바꾸었는데 앞으로는 모든 업체가 IT 업체가 된다. 조선 업체는 배를 만드는 IT 업체가 되고, 철강업체는 쇠를 만드는 IT 업체가 된다.

IT 경쟁력은 기업의 경쟁력이라고 생각해도 크게 틀리지 않는 세상이 되고 있다. 개인도 시장에서 경쟁력을 만들어내기 위해서는 다양한 소프트웨어를 배우고 익히려는 노력을 게을리 하면 안 된다. 다양한 소프트웨어를 다룰 수 있다는 것은 이제 하나의 기술이 아니라 자신이 세상에서 살아남을 수 있는 무기가 되고 있다. 해외 사이트를 찾아보면 자신의 분야에 특화되어 있는 전문 프로그램이 많을 것이다. 국내에서 잘 사용하지 않는다고 해도 누구보다 빨리 배워 익혀두어야 전문가로 인정받기 유리하다. 무기가 많은 나라가 전쟁에서 이기는 것처럼 다양한 소프트웨어라는 무기를 가진 사람이 경쟁에서 이길 수 있다. 이 무기를 가지고 전쟁의 판을 새롭게 정의하는 일이 중요하다.

쿠팡이 유통업의 정의를 새롭게 해 경쟁에서 앞서가는 것처럼 자신이 하는 일이 인공지능 세상에서 어떤 속성을 가지는지를 분석해 경쟁의 틀을 바꿔야 한다. 자신의 일에서 핵심 경쟁력이 무엇인지 고민 후 어떤 소프트웨어를 통해 부가가치를 낼 것인지 결정해야 한다.

인공지능이 발달하면서 앞으로 사회는 급속한 변화를 맞이할 것이다. 중요한 것은 '사회적 용수철'을 보는 눈이다. 사회는 수많은 변화를 통해 용수철처럼 늘어났다가 줄어들기를 반복한다. 인공지능 기술이 사회적 파급을 주는 기술이 나오면 이 용수철이 늘어나면서 변화하게 된다. 중요한 것은 기술이 용수철의 탄력성으로 인해 다시 제자리로 돌아갈지 아니면 강력한 충격으로 인해 기존에 사용하던 용수철을 새로운 용수철로 교체를 해야 하는지 주의 깊게 살펴봐야 한다. 이를 구분할 수 있는 날카로운 눈이 필요할 것이다.

용수철이 제대로 돌아가게 하는 기술의 경우 대부분의 사람에게는 특별한 영향을 주지 않는다. 하지만 용수철이 큰 충격으로 제자리로 돌아가지 못하는 경우 언론에서도 주목하고 있는 관련 정보가 많기 때문에 평상시 열심히 관련 신문 기사를 모니터링하면 파악하기 쉽다. 전문가들이 많은 대체 방안을 이야기하는 것과 동시에 사람들은 새로운 시장 창조를 향해 뛰어들게 된다. 피해를 입는 사람도 많고 새로운 시장에서 기회를 잡는 사람도 있을 것이다. 하지만 이런 급격한 용수철의 변화를 사전에 파악해 대비하기는 어렵다. 다들 준비가 안 되었지만 큰 변화가 있기 때문에 기본적으로 짧은 시간에 준비를 철저하게 할 수 있는 대기업과 해당 분야에서 전문가로 이미 인정받고 있는 사람이 유리하다. 대부분의 사람과 기업은 경쟁력을 갖추기 어렵다.

이제 주목할 변화는 '용수철에 누적되는 변화'이다. 변화의 충격이 크지 않기에 대부분의 사람은 인식하지도 못하고 인식해도 주목하지 않는다. 언론도 기사거리가 되지 않기 때문에 다루지 않아 주목하는 사람이 거의 없다. 하지만 관련 기술이 점차 발전하면서 혹은 데이터가 점차 쌓이면서 용수철이 길어졌다가 줄어드는 것을 반복하며 별 변화가 없어 보이지만 충격이 누적되면서 어느 순간 용수철이 회복 불가능한 상태로 끊어져버린다.

용수철이 끊어지기 전까지는 아무도 주목하지 않기 때문에 내가 해당 사업과 연계되는 사업을 준비하거나 해당 회사로 이직을 할 수 있다. 또한 투자를 하기에 상대적으로 용이하며 경쟁자도 적어 성공하기 수월하다. 대부분의 사람에게는 '용수철에 누적되는 변화'에 기회가 있다. 이 변화를 인식한 후 주의 깊게 관찰한다면 그곳에서 자신만의 기회를 찾을 수 있을 것이다.